博瑞森图书
BRAGE
企业阅读 本土实践

医药代理商经营全指导

新环境 新管理

戴文杰◎著

中华工商联合出版社

图书在版编目（CIP）数据

医药代理商经营全指导：新环境　新管理/戴文杰著．—北京：中华工商联合出版社，2019.8

ISBN 978-7-5158-2537-3

Ⅰ.①医…　Ⅱ.①戴…　Ⅲ.①药品－代理商－经营管理－通俗读物　Ⅳ.①F724.73－49

中国版本图书馆 CIP 数据核字（2019）第 152182 号

医药代理商经营全指导：新环境　新管理

作　　者：戴文杰
责任编辑：于建廷　王　欢
责任审读：郭敬梅
封面设计：久品轩
责任印制：迈致红
出版发行：中华工商联合出版社有限责任公司
印　　刷：河北宝昌佳彩印刷有限公司
版　　次：2019 年 9 月第 1 版
印　　次：2019 年 9 月第 1 次印刷
开　　本：710mm×1000mm　1/16
字　　数：200 千字
印　　张：15
书　　号：ISBN 978-7-5158-2537-3
定　　价：168.00 元

服务热线：010－58301130
团购热线：010－58302813
地址邮编：北京市西城区西环广场 A 座 19－20 层，100044
http：//www.chgslcbs.cn
E-mail：cicap1202@sina.com（营销中心）
E-mail：gslzbs@sina.com（总编室）

本书结合当前医药市场政策环境，翔实地解读了新环境下医药招商的战法，着重分析了药品产业链中盈利机会及基于产品生命周期的选择判断。随着市场规范化与供需结构的变化，医药招商模式发生了微妙的变化，工作重心下移，从供应资源的争夺逐步转移到消费资源的争夺。笔者结合自身经历，从产品选择、价格体系设计、路径管理到促销方式多维度描述了代理商进行产品操作的基本策略。同时，对当前环境下招商模式中常见的 OEM 大包运作、院内外市场开发、渠道商转型，以及商业控销与终端控销的常见手法做了详细解读。此外，对新环境下医药代表与医药自由人的转型问题做了重点探讨，对医药大健康的未来前景做了系统分析。

如果将医药代理商的发展史看作医药营销的缩影，那么可以从整个医药产品和服务的价值传递中找出趋势。未来该在何处发力？利润增长点将在何处？

首先，从国家整顿流通行业的两票制开始到化学药一致性评价，再到辅助用药和中药注射剂的管制，包括医保支付改革和药占比的限制，说明制造端的浮躁和流通端的夸张已经严重影响使用端，偏离了原始轨道，因此需要重拳规范。在改革过程中，我们看到大型流通企业的快速崛起在鼓励创新药和一致性评价推进过程中，我们发现众多国内制药工业的实力；在医院与药房的逐步分离中，院外零售发展快速，尤其是大型连锁店的扩展速度远远超过历史时期。似乎都是大鱼们在玩耍，小鱼该怎么办？除了被兼并还要做什么？实际上，还有几块荒地可以开垦，如中药饮片、特色中药、家用器械、功能性食品等。

想持续生存就需要创新，需要重新排列组合元素。对于医药代理商而言，就是重新定位，重新进行价值分配。一方面拓荒，细分产业链，找到新的价值空间，完成再次开发；另一方面资源下沉，推动学术与沟通下沉到患者群与消费者群。在寻求创新和突破中完成品类方向调整、模式策略调整、人员配置调整。随着需求观念从疾病治疗到人体生命周期健康管理的转变，产业链条的上下端会同时延伸。此外，营销已经不是单个转运链的过程，而是整个闭环的全员参与，体验与传递成为参与者的特征。

对于医药代理商来说，目前应该明确自己有没有核心竞争力；对新药推广有没有足够的资源和能力；对零售市场和基层市场的布局有没有进展；有没有足够的终端基础支撑企业的竞争；在实体工业中有没有可获取的有价值的资源，保障供应稳定和有新产品进入。如果没有，代理商很快就能感觉到危机，利润压力与日俱增，企业运营日益艰难，只能怀念昨天。当前唯一可以做的就是重新定位、梳理资源，在新环境下熟练使用新战法，占据自己的一席之地。

笔者从事药品一线营销十余年，致力于药品学术推广与商业渠道布局，从业经验丰富，熟悉临床、零售、原料贸易、健食会销、会展传播等多种模块，是多家医药媒体的特约撰稿人，曾经撰写各类医药营销实战文章及行业政策分析百余篇。

本书适合作为医药行业销售人员的入门读物，也可以作为医药企业营销管理人员的业务培训读本和培训教材。

传统医药代理，为什么是最后的五年？

五年，一个迭代周期，在一些人看来，昨天永远是最好的，因为今天要面对新的情况、新的挑战，而未来又会出现什么还未可知。很多医药代理商都在感慨，如今做药越来越难了。医药代理商不得不面对生存的挑战和竞争，面对前所未有的生存空间不断被压缩的危机。他们中很多是成功者，也有投机者，恰逢高速增长的时代，借势而为。五年，代表了一个阶段，也代表新旧模式交替，也是一个洗牌的过程。

我们正面临着史无前例的社会分工的重构，信息变得越来越透明，从互联网萌芽到逐步改变我们的生活。数字经济体、新媒体的崛起，使更多环节在透明空间操作，医药行业也不例外，尽管我们的客户群是支付意愿最强的，又属于高技术密集和高强度监管的行业，但医药行业的神秘感仍然渐渐褪去。

开放，总是会迎来竞争，有人说“赢了所有的竞争对手，却输给了时代”，医药行业的进步和革新伴随着新格局的利益划分，从代理商这个角色本身来讲，它有存在的必要，但是需要看存在的价值。或者一年，或者三年，或者五年，跟不上时代的代理商就会在洗牌中被淘汰。

存在，源于价值，当下的五年，可能就是最后的五年。

药品行业从供不应求和国家调配到逐步发展为供过于求与市场调节，经历了野蛮生长的黄金十年，造就了一大批行业中的典型人物，企业逐渐发展壮大。而今的药政形势正在促成药品销售各元素的加速融合、优胜劣汰。

首先，互联网改变了信息的传递手法，传统意义上的依靠信息搬运和模糊化的方式已经被淘汰，新的信息传播则是遵从科学的医学学术推广方式，客户体验最优化、经济合理化及付费服务的方式开启。

其次，以统一定价和招标定价的方式变为医保支付价结算，以市场调节的方式适应经济发展。此外，产品流通不再是多层过票底价大包，两票制全国推行，终端直供、扁平化管理体系遍地铺开，零售药房连锁率过半，行业整合加速。“僵尸文号”逐步消亡，药品工业端整合加速，一致性评价推进，仿制药质量提升，替代原研药物，给创新药和高质药扩展生存空间，药品生产不再是满足供应，而是以创新带动、以质量为基础的国产崛起。在销售流转路径中，广告战、会议战和人海战的拼杀已经接近尾声，随之而来的是品牌战、学术战和服务战，产品的影响人群已经深入患者群和潜在顾客群，由疾病治疗到疾病预防的健康管理体系正在构建。

我们发现一切都在剧变，似乎整个过程都在淡化代理商的作用。实际上不是，环境变化促进行业变革，使行业分工更加细化，做自己专业的领域是时代的需求。对于招商代理来讲，不论是工业招商者还是商业代理商，时代赋予的机会就是用专业撬开新大门，在新的价值转运中找到自己的定位，获取新利润。

回顾历史，招商代理的时间更多用于找产品、接关系、招标进院、维护上量、会议客情、压货促销。我们的产品是什么？预防未病、治疗病患、调理保健，但是我们又做了多少与之相关的事情？除了谈底价、做促销、跑客情、拉订单，还做了什么？

不以治疗为目的的药品销售就是无用的，变革的结果就是回归到原点。招商为何突然失灵？大客户压货为何越来越难？为何工业都在预付款而我们的下游却无休止地要账期？竞品为何一夜之间就铺货完成？为何人工成本越来越高，回报率却越来越低？面对原料价格的不断波动，如何稳定价格体系？

时代变革催生了多元化的服务形态，单纯靠信息不对称的转运已经不符合医药市场的需求，新的代理商功能逐步升温，传统的招商代理逐步边缘化，赋予更多服务价值的招商运营方式走向台前。

留给代理商的时间不多了，很多人已经开始转型。医药市场足够大，而且可延展性强，随着大健康的观念深入人心，很多医药人士已经以人的需求为圆心不断延长半径细分出更多的市场。也有人从渠道上端着手，收购工业，进入制造行业；更多的人扎根渠道末端，从掌握基础的终端入手，搭建自营团队，由调拨配送转为推广纯销。

技术革新使得智能化和数据化普及，一切变得透明。在透明的环境下，唯一的价值就是不可替代。所以，留给代理商的五年，就是让自己变得不可替代，这就是价值。五年，足以让历史积累挥霍殆尽，也足以让新生力量羽翼丰满。

第四章 如何做好促销

第五章 如何走好转型之路

第六章 如何做好开发策略

第七章 如何提升业绩

结语

附录

第一章
医药招商的前世今生

医药招商不是生来就有的，中国药品产业链条伴随着新中国成立后制药工业和流通分配的发展从无到有。随着供需关系改变，生产端和消费端的需求不能得到有效满足，一部分中间商通过转运信息和调配资源而获得价值，这部分人就成了代理商。无论是掌握上游供应端的产品权、流通准入端的渠道权的人，还是拥有终端推广端的销售权的人，甚至能够游走于上述之间穿针引线的自由人，这些人都可以成为代理商。

一、医药招商就是资源交换

招商就是资源互换，各取所需，工业让渡产品资源，渠道让渡流通和销售资源。

药品招商只是招商销售行业中的一个子单元，原理一致，只是因为药品的特殊性，属于高技术与高监管的产品。打个比方，招商企业好比娘家，产品就是姑娘，招商就是招女婿。大部分产品属于普通人家的姑娘，需要各省的招商经理当好媒婆，招到好女婿。但是招商有难度，因为讲究门当户对。如图 1－1 所示。

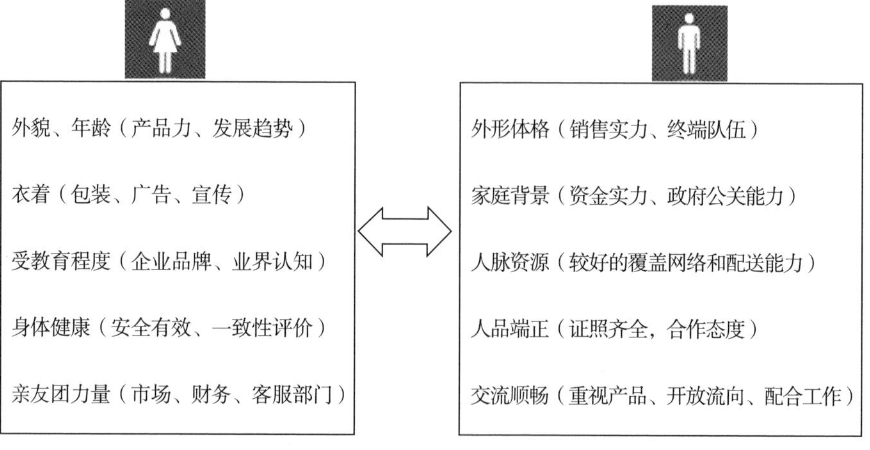

图 1－1　招商就是资源互换

药品的五步招商法的流程如表 1－1 所示。

表 1－1　药品的五步招商法的流程

细分市场	筛寻客户	电话陌拜	登门详谈	客户管理
1. 目标市场分析，列出机会点 2. 对竞品数据及中标情况进行分析 3. 基于自身资源考虑招商区域与目标客户	1. 招投标记录及从配送公司中探听 2. 网络信息收集（招商、招聘等信息） 3. 亲友介绍或者终端推荐 4. 仓库管理人员	1. 准备好自我介绍和资料 2. 注意谈话内容和语气 3. 及时记录信息并约好登门拜访时间	1. 按时拜访，并快速判断对方的实力与性格 2. 要明确拜访目的，拜访哪些关键人物、提及哪些信息 3. 拜访后及时处理信息并跟进	1. 客户分类 2. 客户动态信息 3. 客户定期维护

药品招商主要基于产品力，产品力足够吸引对方才能获得主动权。在产品过剩、渠道为王的时代，绝大多数情况为工业弱势、商业强势，随着渠道规范、操作合规、两票制推进、工业洗牌推进，生产企业的地位逐步提升。尤其是临床产品，生产企业吸纳预付货款，资金相对充足，而代理商除了大量的资金垫付外，还需要极力协调返款周期。因此，招商是什么？招商就是彼此陌生的两个经济体因为某个或者某几个产品的利益关联建立了合作关系，而招商的动作是由上游完成的，下游接纳并交换资源。

二、招商模式的起源与现状

（一）医药招商模式起源

我国的药品供销关系改革是在1990年之后，而之前一直属于计划经济管理，由国有企业垄断，进行三级包销，并对出厂价、批发价、零售价进行政府定价。随着市场经济推进，政府取消了统购包销和按级调拨，将医药商业推向市场，逐步放开药品价格，此举一定程度上提高了药品价格，释放出药品流通过程中足够的操作空间，迎来了药品行业的黄金十年。

在此期间，由原国有批发站剥离出来的人员开始执行新的使命，利用原有的业务关系网络进行医药产品的区域经销，通过信息不对称来赚取差价，这些人便成为最早的代理商。一边是充分解放了生产力的制药工业；一边是现成的网络渠道拥有者，很多没有计划组建自营网络的，以及通过竞争获取生存空间的工业开始进行底价大包，许诺区域经销权进行招商，完成产品流转嫁接，从而实现使用价值向价值的让渡。

（二）招商模式与自营模式对比

招商的特点是“短平快”，关键看后期的利益分配和产品力的强弱，包括工业后台服务（产品、学术、财务处理）等能力。自营的特点是投入高、周期长，但是掌控力强、持续发力。招商主要在于快速释放产品能量，比如低价高毛利、标期内快速起量，或者有明确的成熟产品进行拦截置换。而自营模式可以凭借强大的执行能力完成标准动作，保障执行到位，且流向透明、信息通达。如表 1－2 所示。

表 1－2　自营模式与代理模式对比

	自营模式	代理模式
资金需求	资金需求大 （贷款＋工资＋促销费＋办公费）	资金需求小 （现款现贷，其他费用少）
经营风险	风险高（贷款拖欠、 经费失控、人员流失、法规）	风险被分担 （贷款、经费、人员、法规）
组织管理	复杂（涉及薪酬、 激励、培训、控制等制度）	简单 （利益驱动，合理的利差空间）
渗透能力	渗透速度慢，渗透力先弱后强	渗透速度快，渗透力强，但很短暂
销售成本	先高后低	先低后高
专业性	可能强，但不一定 （需要资金、制度、人员的基础）	弱 （管理好也能弥补）
可控性	可能强，但不一定 （需要资金、制度、人员的基础）	弱 （管理好也能弥补）
忠诚度	可能高，但不一定 （需要资金、制度、人员的基础）	低 （尤其是投入期长、竞争激烈时）

（三）药品招商模式的主要方式

1. 电话招商

电话招商曾经是药品招商的主要形式，出于竞争加剧及安全风险的考虑，电话招商的开发能力越来越弱，目前仅用于固定客户的维护和新产品推荐。很多企业设置的内勤或者客服岗位在做本职工作的同时，也兼职电话销售。如表1－3所示。

表1－3 电话招商

电话招商	第一阶段（准备）	第二阶段（询单）	第三阶段（跟单）	第四阶段（维单）
1. 整理好心情，做好电话招商准备，做好受挫心理准备 2. 保持微笑，准备好电脑、笔和便签本，准备随时记录 3. 列好阶段性通信名单，并后附备注	1. 资料收集整理 2. 客户信息归档，产品卖点简单明晰 3. 合作方式分类列明	1. 电话探寻或线上沟通，首先是探寻和找到落脚点，寻找能够关联的事物以延长通话时间 2. 快速寻找和判断对方的兴趣点和主要状况，寻找突破口，比如能够关联销售、考虑换产品、考虑活动促销品等	1. 初步判断后，需要跟进，同时注意尺度 2. 跟单注意时效，在询单时就应该判断何时跟单，时间不宜太长 3. 跟单需要直截了当地讲明政策，催促对方下单	1. 招商经常遇到一单死的情况，第一次发货也是最后一次合作。定期询问客户动销和库存情况，应该养成习惯。一是提醒注意；二是在一定程度上协助出货 2. 按照设定的安全库存标准，提示对方及时备货、续单

2. 驻地办事处或地派人员招商

有地招人员进行拜访，面对面地交流，招商成功概率高于纯电话招商，但是地招人员需要承担相应的人工费用。因此，需要有毛利的产品和销售规模做支撑。

（1）按照地区进行招商人员划分配置，考虑覆盖范围，预计产出量，当地人员优先，降低差旅费用。

（2）驻地招商人员需要锁定终端重点客户，进行直接拜访和维护。

（3）地招人员按照公司统一的价格体系和产品宣传队辖区客户进行点对点的拜访，产品成熟或者销售规模稳定后，考虑新产品增补。

（4）应该对驻地人员的专兼职提出明确要求。

（5）地招人员有义务帮助当地分销商进行产品促销和终端拉动。

（6）在考核设置上，回款额与重点高毛利产品分类考核。

3. 会展及网络招商

在药品招商初期，主要依托转运信息不对称的产品获利。因此，通过会展获取信息是当时最重要的方式，曾经异常火热的各种药品交易会是代理商们的热土。随着互联网时代对信息的颠覆，传统的传播方式已经遇冷，线下到线上的转移已然成为新宠。新时代会展与网络招商的主要特点如下：

（1）药品广告由广泛撒网向重点培养转化，靶向性更加明确，目标受众针对性更强。

（2）配送公司的 APP 纷纷上线，线上下单与结算更加便捷，产品信息与促销信息更加直观，用微信群发健康教育等信息传播的方式较为普遍。

（3）以独家高毛利的专科产品与贴牌定制的产品为主。

（4）会招与网招的主要目标客群为地区纯销小商业公司、单体药房与诊所、终端销售自由人。

招商人员薪资构成及绩效考核方案

招商负责人（总监）为总负责人，承接总任务指标和利润考核指标，根据公司发展战略和市场目标，结合公司现有资源和业务人员情况，将全国市场按照省份为单位进行责任划分，实行区域负责制，对应的招商经理履行所辖市场的责任和义务，以一年为周期对区域适当调整。

业务人员职责：

（1）负责辖区老客户的维护工作。具体为订单、发货、客户信息记录、回款、资料收发、销售支持、客情维护、市场信息反馈等。

（2）负责辖区新客户的开发。具体为电话或者微信联络沟通、客户拜访、市场走访、活动辅助、客户信息获取、新产品推荐、项目合作等。

（3）台账登记：客户信息归档、发货与回款记录、客户信息反馈表、客户跟进记录表、资料邮寄情况、促销品发放登记台账。

（4）收集反馈辖区市场信息：竞争对手价格体系与促销政策、招投标及议价信息、患者信息、终端意见等。

（5）执行公司政策。按照公司价格体系进行报价和维价、按照统一的促销政策和招商策略执行，为公司的宣传资料、区域政策提供合理化建议。

（6）参加公司例会，完成领导交代的任务，并做好市场回顾与销售总结。

业务人员薪酬：

（1）基本工资：试用期工资1600元/月，转正后2000元/月，符合要求的按照人事制度发放工龄工资。

（2）绩效考核：定性考核+定量考核。

（3）全勤奖励：单月请假不超过三天，给月300元全勤奖励。

（4）补贴：出差人员按照实际出差天数给予50元/天餐补，其余交通与住宿按照实际发生额报销，不得超过对应标准。每年发放一次旅游补贴1000元/人，生日补贴100元/人。

（5）年终奖视情况由总经理酌情发放。

三、代理商被不断发掘的新价值

互联网改变了生活，也重塑了营销思维模式，去中间化和扁平式的结构让很多节点消失了，也让很多环节裂变催生了新职能。似乎是因为中间商过多，促使产品价格虚高，因此，很多人要求不让中间商赚差价。药品流通的两票制也是如此，淘汰过多的中间环节，只开两张票。两票制的执行虽然没有从根源上降低药价，但是对代理商的打击确实非常大，大量的过票公司消亡，由商业高开转为工业高开，代理商的话语权减弱。那么，代理商真的会被淘汰吗？显然不会，因为任何产品流转都需要中间人，被淘汰的只是那些只会通过低价来高价开的代理商，而能够为上下游提供受益服务的代理商不会消失，反而有更多的存在价值。

1. 代理商有隔离的功效

在药品价值流转中，有一部分大家不愿意触碰的内容，这个时候需要代理商充当隔离带。上下游双方可能都知道代理商的获利所在，但是彼此心照不宣，为了隔离付费。

2. 代理商承担交易风险

药品代理商有一个重要的功能就是垫资，因为工业需要现款结算，而下游客户的赊销也很常见，尤其是医院拖款时间非常久。所以，代理商的资金使用风险时刻存在，因为库存问题随时会影响代理商的收益。代理商比上下游任何一方都善于化解风险，因为有渠道资源去分解压力。同时，代理商也愿意承担风险，因为可以在风险溢价中获得利润。

3. 代理商是个信息资源库

任何产品的交易达成都需要资源交换，交换之前就是进行匹配。匹配的周期长短、匹配率高低直接决定收益大小。如某药品短缺，大量终端缺货，急需找到供应商，这个时候终端为个体单元进行找寻，成本过高且效率低下，代理商就可以在自己备选资源库中筛选并快速寻找货源。同样道理，如果某些滞销产品急需分解消化时，仅靠工业资源很难完成，而代理商便可以发挥分销渠道的力量，对应无数终端使用客户，寻求解决办法。上下游的信息资源交换中转地就是代理商。

4. 代理商提供信任

交易的前提是沟通，沟通需要建立信任。比如作为药品使用终端的药店、诊所，因考虑产品质量问题、付款安全性问题，不愿意直接对工业付款或者进行网络下单，转而寻找当地有合作关系和业务往来的代理商和分销商渠道。上游工业也是如此，因为代理商对上游供应商及下游使用者的沟通频率都很高，这种高频率的互动是建立长期信任的基础。

5. 代理商的专业服务职能

代理商有桥梁的作用，使用其网络快速缩短产品的空间距离，并且提高使用效率。对于终端需要的产品选用调换等，对于医生需要的学术资源等，代理商的平台可以将服务聚焦，降低交易成本。随着药品专业推广逐步深入，由原代理商组合深化而来的按照品类适应症分立出来的专业代理线日益明晰。不同的代理商优选了自己的资源，快速整合创新研发资源、注册实验资源、工业生产、专家及学术代言人群体、强大的公共关系等，成为药品价值链中非常重要的一环。

虽然中间商被淡化了，但是代理商的时代没有过去，只是传统意义的搬运信息可能被更加便捷的信息技术淘汰，而不断被挖掘出来的只有代理商角色才能满足的职能愈发重要了。因此，代理商的价值不仅没有被弱化，反而加强了。代理商的运营水平高低，直接决定了产品生命周期的长短和获利能力的强弱。

第二章
如何选产品

一、产品生命周期管理分析及获利模式

工业面对渠道商的产品招商，需要从代理商的角度挖掘需求，主要是利益陈述。对于代理商来说，利润是核心的评判角度：一是利润的获取顺利程度；二是利润的可观程度。当然，也有对未来的某种预期而实现对产品的需求期待。对代理商来讲，如果是临床产品，主要考虑本标期的变现、潜力及下标前围标操作的可能性；如果是院外产品，主要考虑产品结构的丰富补充，以及销售队伍匹配和终端客户的需求，当然也有分销商的需求和当前自然流量的大小。

1. 生命周期对产品选择的影响

从代理商的角度，选择产品的出发点首先需要判断产品所处的生命周期的区段。如图 2－1 所示。

产品导入期适合中小型代理商介入，门槛低，可以拿到工业的支持。成长期则需要推广和覆盖能力较强的推广商进行推广，不断扩大市场份额。成熟期拥有了较大的市场份额和知名度，凸显规模优势，可以寻找有实力的代理商进行密集覆盖，或者进行区域分解、细化市场。

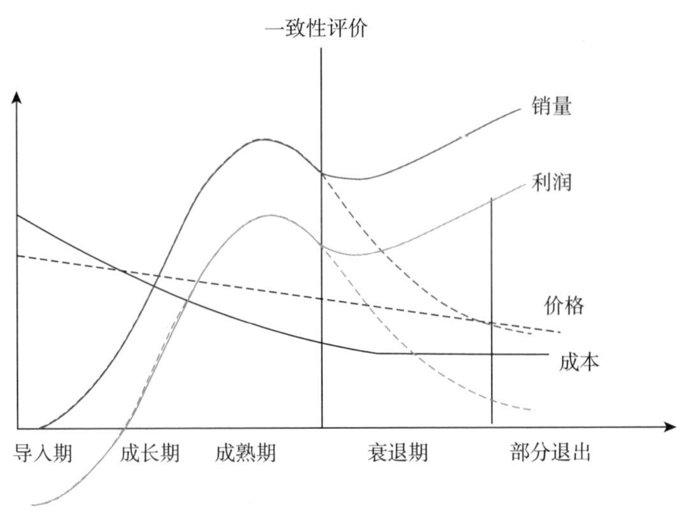

图 2－1 基于产品生命周期的分析判断

从产品生命周期的阶段看，正常的成长期、成熟期和衰退期是基本法则，药品也是如此，只是不同产品的时间不一致。药品的特殊性决定了在产品生命周期中存在众多常规因素，可以获得翻盘的机会。

（1）药品招采制度变化。如基本药物制度的执行，促使众多基药产品在基层强制使用，延长了这些产品的成熟期，而且直接培养了一大批所谓的大品种。在低价药政策的推动下，很多独家的特异规格产品获得青睐，低价药产品政策也带动了一批当红产品。

（2）突发事件和流行疾病的影响。最典型的就是当年的“非典”，抗病毒药物与抗生素供不应求。2017 年年底的流感，使众多企业产品断货，库存产品一夜间消耗殆尽。

（3）医保目录变化。2017 版的新医保目录中众多明星产品被列入限制使用行列，这势必影响产品销售，提前终结成熟期。此外，还有限制中药注射剂、基层停止输液等措施。

（4）目前最受关注的当属一致性评价。部分通过一致性评价的产品优势逐步显露，通过获取原研药因价格问题退出来的部分市场实现持续增长、成熟期后延。

2. 产品生命周期管理下的市场操作方式

代理商对产品的判断标准之一就是当前的市场容量与潜力，此外就是自己的资源匹配度能否实现预期销量和利润。

（1）导入期产品。一般情况下，导入期产品有两种：一种是新标产品，即将开拓市场；另一种是新产品或者剂型，市场中仅有同类产品而没有通用名产品销售可参考。这类产品的导入没有市场基础，需要解决认知问题，认知需要反复传播，传播需要足够的费用。因此，从操作方式上应该是高费用驱动型。具体做法：一是给予推广者和使用者更多的利益驱动；二是采用铺货、试用、合作销售等方式降低对方的尝试风险。

（2）成长期产品。成长期最重要的是对标，因为成长的过程就是竞争过程，在相对稳定的市场容量下，想成长就需要挤压竞品的市场份额。因此，找到对标产品，树立竞争目标，通过差异化的利益陈述和放大，获得对方的市场份额。选择最容易突破的地方进行快速争夺，然后复制方法，逐步放大成长期的产品特点，逐步降低利润而放大销量和份额，以价换量，通过规模优势降低成本，实现总利润增长。主要措施有药物经济学对照、适应症与副作用对照、利益诱导等。

（3）成熟期产品。成熟产品的判定，从代理商的角度看就是市场覆盖率和认知度的大小，选择成熟产品需要付出较大的代价，但是也能获得较好的流量。常见的成熟产品表现为原研产品带动足够多的品种，或者常见的广告产品给予足够的消费认知。操作成熟产品首先要面对预期利润难以实现，此外，工业对于成熟品的协议预期也是代理商比较头疼的问题。大多数情况，选择成熟产品是为了获得相应的市场地位，也就是获得流量支持，从而带动其他品类的销售，或者稳定客户资源和销售团队。

（4）衰退期产品。似乎衰退期只剩下自然流了，失去了选择价值。实际上，衰退期产品很容易出现供应短缺，需求与供应发生缺口的市场，价格波动是必然的。因此，衰退期产品的保留可以获得无投入的自然盈利，而且可能获得更多的盈利机会。市场中“普药新做”的案例比比皆是，比如有新的特异性的适应症开发，或者有局部短缺可以进行市场控制，从而达成有秩序的利润分配。

二、如何圈定品类

任何代理商的获利模型都是以产品和服务为载体，产品直接决定获利的多少与速度。如何评判产品好坏？依据产品生命周期的判断，在不同阶段均有特点，均可以获得相应的利益，关键是哪个阶段的产品更能够与你匹配。

我们时常对某个药物评头论足，对市场表现各抒己见，实际上，大多数时候还是跟风，看到别人言辞凿凿的表述总是信以为真。作为代理商，在引进产品或者剔除产品的时候不可盲目，应该基于信息判断。此外，还需要供应商就产品的稳定性、协议量、价格体系、代理时效、约束条件、回款周期等逐一商谈。

1. 如何圈定大品类

每个代理商都有自己的惯性思考模式，比如跟风，最重要的就是找大品种，按照流行病学和以往区域用药数据进行筛分。此外，就是参考历年中标销售数据，并评估销售预期，同时参考竞争对手的品类。所谓的大品类，需要按照用药类别进行初步圈定，也就是选好方向，圈定产品需要结合自身的覆盖能力、资金状况，以及销售能力与工业资源进行匹配。

列出初选大品类，进行品类市场机会分析，尤其是对当前的销售表现进行评估。如表2－1所示。

表2－1 初选大品类

品类	品种	市场规模	原研产品销售情况	同类产品销售情况	中标价（零售价）
心脑血管用药	A产品 C产品 B产品 D产品				
抗感染用药	A产品 C产品 B产品 D产品				
消化系统用药	A产品 C产品 B产品 D产品				

2. 锁定小品类，并明确具体产品

确定大品类后，需要对备选产品进行细分和筛选，筛选要基于当前销售情况和未来预期。因此，锁定小品类并确定产品的时候，一定是基于自身资源和能力的判断，避免盲目跑马圈地，造成协议资源浪费。比如承接有销售基础的产品，工业的期待是上量，那么产品上量的潜力有多大，可以替代对手多大的份额，凭什么样的优势去替代，等等，都需要列入考虑范围。如表2－2所示。

表2－2 对备选的产品进行细分和筛选

品种	当前销量	医院（零售店）覆盖率	竞品和类品销量	备注
A产品				
B产品				
C产品				

三、如何做营销方案，赢得供应商的信任

1. 做产品销售预算

首先进行一个产品销售和费用的基础测算：

保本销量 = 固定费用/（开票价 - 变动费用）

以某产品为例，假设开票价格为 6 元/盒，每盒促销和人工费用折算为 1.5 元/盒，固定费用为 3000 元。那么保本的销量 = 3000/（6 - 1.5） = 666 盒。也就是说，销量必须大于 666 盒才能盈利。固定费用，简单理解就是不卖这个产品也要分担的费用；变动成本，就是这个产品的销售必须支出的费用。有了平衡点销量就能够有目标、有进度地开展工作，也能够非常明确地测算自己的销售贡献率。

此外，费用控制上需要注意内控费用算小账，做临床的人经常会猜测老板的实际利润空间有多大，给自己分了多少。实际上也很好猜，因为扣率基本上有个大概的评估，各项费用的分摊都是算过账的，所以相对比较固定。最怕的是刚刚入手做代理，对于费用的分配缺乏仔细的核算。比如只算大数，忽略小费用。容易忽略的有配送费、库存资金成本、客户回款周期等，这些手指缝里的窟窿，往往会造成不经意的资金流失。外部投入算大账。消费者是懒惰的，习惯需要培养。投入的目的

是产出，这个时候就容易急功近利。外部费用包括市场培育、媒介与公关投入、客情维系等，属于典型的“放长线钓大鱼”的做法。回报是在不断地投入积累中获得的。

2. 营销方案

营销方案是一个产品进入执行层面需要落地的策略和方法，营销方案具有销售导向性，一定是基于现实做出理性分析后的明确判断。

（1）产品分析。产品是盈利的载体，是代理商价值实现的通路。所谓精细化招商，在基于底价大包制的粗放招商模式基础上进行产品规格细分及品牌塑造，区别于以往的底价购入后加成销售。梳理并分析现有的市场格局，如果品规较多，按照产品包装规格与剂型细分，分属不同渠道推动产品保量与盈利两种类别。保存一两个主流包装为自营推广，提升产品绝对价格，留出营销投入及活动的空间，以高于价格本身的附加值投入市场活动。

第一，需要分析目前各区域市场的代理协议，按照协议要求淘汰无法执行协议的客户。对所有协议客户摸底沟通，分析市场情况，由业务负责人完成协议客户市场沟通情况分析，以及该协议客户完成情况说明。包括客户覆盖地区、零售价格、最主要的三家竞品价格情况、单产品区域市场销售占比（与竞品对照）、代理商终端分布，将协议客户调研纳入区域经理绩效考核项目。

第二，明确市场覆盖情况，列出空白市场。产品销售的增长：一是靠成熟地区对竞品的挤压获得更多份额；二是靠增加空白地区的覆盖，实现新增长点。因此，在人力具备的条件下，明确空白市场，以大区经理负责制，集中时间撬动空白市场。一方面，在协议范围内，通过代理商沟通及促成，带动覆盖空白市场；另一方面，以自身人力条件调研空白区域竞品销售情况与操作方式，总结分析，做出应对策略。

第三，产品销售终究要考虑品牌化，首先要对品牌明确定位，就是到底有什么与众不同的地方。对于产品包装来说，品牌化还有一个重点，就是要设计一个有吸引力的、与品牌相符的标识物。如果是典型的普药口服产品，彼此之间无法从产品名称上区分，那么体现差异化的产品包装需要一个与其他企业有明显区别的标识，一般的商标很难起到这个作用，而品牌标识物可以起到这个作用。此外，销售持续性需要营销服务体系的持续支持，所以，品牌化就需要在自营产品推广上弱化绝对价格的概念，拿出足够的营销费用投入市场，以获得持续稳定的客户和企业的掌控权。

（2）价格体系设定。传统招商体系中最大的武器就是价格杠杆，但是在供过于求的市场关系下，价格是最无奈的武器。因此，坚持走提高价值、弱化价格的路线是绝对正确的，无论付出多大代价，都必须坚决做到高价高质高附加值，否则销售只是昙花一现，无持续性可言。

第一，协议客户坚持以量作价，制定明确的分级价格。

第二，自营产品定价，作为区域市场保护的基础，综合考虑竞品的市场表现，明确该产品的市场定位，制定价格体系。集中所有人力，在自营产品上推进。以县区市场为点状机会进行开发，逐步提高目前的产品价格，导入市场服务，提高附加值（物流提供、促销活动支持、培训旅游、拓展互动）。

（3）商业渠道布局与直供终端。定制化加工、区域市场直供和 KA 部门联合形成三条渠道：

第一，以国内强势销售队伍或大型连锁店为载体，推进产品基础量的保障和强势渠道的优先占领，为保障工业的正常开工提供后盾。

第二，加强自营队伍建设，彻底甩掉依靠过票挂靠等不符合时代发展要求的操作方式，利用区域终端资源优化和完善自营队伍，进行产品的有机组合，合理使用企业资源。

第三，配合公司的KA部门，服务重点客户。

（4）促销与品牌传播。现代市场环境下，铺货与压货已经不再是焦点，动销才是真正的难点。客户动销，需要分析影响动销的要素，逐一列明客户的真实需求。促销靶向性要明晰，明确指向竞品，对竞品进行对标比照，提高动销水平。

（5）市场督导与反馈。以市场部为核心，由行政、客户、质量、招标、财务等部门人员组成市场督导小组，不定期随机独立走访市场，了解价格执行情况、市场覆盖情况，以及与竞品的差距等，并及时反馈给公司。

（6）样板市场。在不容乐观的医药市场环境及严峻的销售状况下，应该最大限度地激发公司全员的销售心态和战斗欲望，全民服务销售。甚至可以大胆尝试一下，制定样板市场分区协调机制，公司各部门部长以上领导划分负责区域，重点考核产品环比销售增长率和产品盈利率（开票价以上贡献部分）。

四、案例解析：营销方案究竟怎么写

以某抗菌药物为例，说明一个产品的操作分析框架。

背景：

（1）某三代口服头孢产品，竞争激烈，以流通为主，相对大流通普药略新，有一定的毛利空间。

（2）该产品剂型齐全，颗粒剂为主要剂型之一。市场中常见的企业有七家，两家以临床为主，五家以流通和零售为主，价格逐步趋向透明化。其余剂型为干混悬、咀嚼片、胶囊、片、分散片。

（3）从产品成本上看，略有优势，处于中低价格带。从销售基础看，几乎是从零起步。销售模式为招商。销售渠道为院外主体，寻找挂网进院机会。

（4）从企业状况看，自有原料供应稳定，因为成熟产品需要快速上量支撑产能正常开工。

基于以上特点，梳理其他产品并进行分析与定位。

首先，罗列现有资源，寻找突破点。

（1）从各省区人员配比看，基本上可以覆盖全国，尤其是重点省份有队伍。

（2）从人员对产品认知看，比较熟悉，渠道成熟。

（3）除没有品牌知名度外，成本、价格稳定性、包装、口感等方面均有优势。

其次，罗列劣势和操作难度，寻找化解方式。

（1）新产品上市，市场非常饱和，需要快速挤压竞品份额。

（2）竞品运作多年，市场成熟、认知度高，而本产品不具备足够的利润差促使渠道商更换产品。

（3）业务人员长期操作成熟产品轻松有余，突然转换为推广角色，接受度不高。

（4）企业上量心切，给予较大的销售压力。

梳理和罗列之后，重新进行分析。

（1）市场规模：该产品市场规模按照原料推算和行业数据分析，按照零售价测算约为 20 亿元，规模基本固定，波动不大。实际上，这个市场规模有放大的潜能，因为抗生素产品在不断升级换代，该产品属于逐步进入主流放量的阶段、产品成熟前期。

（2）产品分析：在整个抗生素产品序列里，属于 β 内酰胺类里较为高端的抗生素产品。公司本身有青霉素类复配制剂产品在销售，成熟稳定，两种产品本身存在一定的替代性。划出该产品区别于其他产品的特点：一是抗菌谱上看对革兰氏阴性菌作用效果优异，肝肾毒性小，不良反应很少，安全性上较其他抗菌药物优异；二是半衰期长，日服用两次；三是从临床转移到零售，价格带已经转入中低端，完全可以覆盖绝大部分消费群体。

鉴于以上分析，制定了该产品的操作方案：

第一步，进行产品区隔：在销成熟的青类产品锁定上呼吸道感染优先使用，该头孢产品定位下呼吸道与腹腔和泌尿系统感染。

第二步，进行市场区隔；快速增量的一个方式就是上马足够多的包装规格，分不同渠道招商，因此设置了流通品规与管控品规的区别，从包装上做了区分，在不同销售渠道投放。

第三步，团队嫁接：自有的招商队伍覆盖率远远不够，必须通过外部队伍嫁接让产品快速流动。首先，寻找可能互补产品的商业资源和团队资源进行点对点的沟通招商。其次，进行部分规格的贴牌定制，放大生产量。

第四步，招商代理预付款需要有代理商实现垫资进行中转分货，但是核心资源依旧是分销商。所以，地区招商经理重点开发分销商，促进分销客户的销售和开票维护拉动，实现动销。

第五步，协同造势：终端促销为主的区域活动广泛推动，成熟产品的快速上量就需要频繁举办动销活动。猛，活动有冲击力；准，靶向性明确，明确锁定竞品；狠，就是要有深度，政策打到底，就是要达成终端的铺货率和排他性置换率。

第六步，自由人点火：空白区域首先需要突破的是自由人小老板，本身的销售队伍中有大量的类似人群，通过该类人群的点状突破可以快速形成小范围的认知。因为自由人谈判难度低、试销容易，且以终端纯销为主，虽然销量小、不稳定，但是可以快速启动。此外，带动商业认知、分销商的销售和主渠道覆盖。

难点：掌握各级利润分配的比例，初期设定标准，由区域人员自主安排，后期介入监管。如图 2 -2 所示。

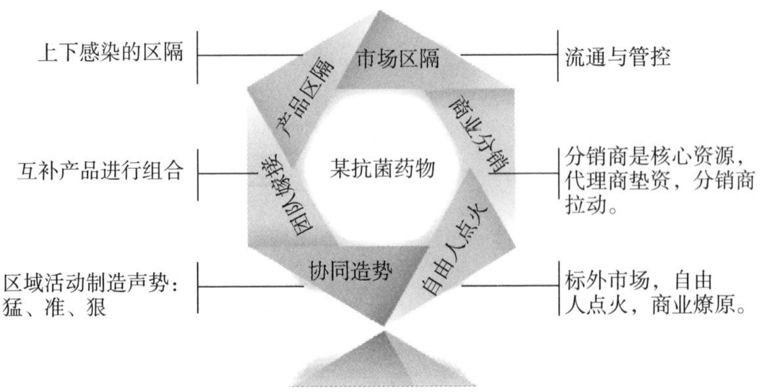

图2－2 利润分配比例

注：代理商在与工业谈判获得产品销售代理权的时候，经常遇到工业的第一个问题，拿出市场分析方案。（附：以某心脑血管药物的市场分析做参考模板）

坎地沙坦酯片市场分析

一、市场概况

目前降压药种类繁多，竞争异常激烈。中国高血压防治指南推荐，临床用于高血压治疗的药物主要有血管紧张素Ⅱ受体拮抗剂（沙坦类，ARB）、钙拮抗剂（地平类，CCB）、血管转化酶抑制剂（普利类，ACEI）、利尿降压药（噻嗪类）、β－受体阻滞剂（洛尔类）及α－受体阻滞剂。其中，ARB与CCB为当前最主要的两类产品。

根据南方所数据，国内16个重点城市公立医院样本中沙坦类药物（含复方沙坦制剂）年销售额达到18亿元，占据整个抗高血压样本市场份额的36%，主流产品为缬沙坦、厄贝沙坦与氯沙坦。沙坦类作为降压一线用药，不但针对高血压作用明确，而且对糖尿病、心力衰竭及肾脏疾病等多种并发症疗效显著，相比其他降压药具有更高的安全性。

如图2－3、2－4所示。

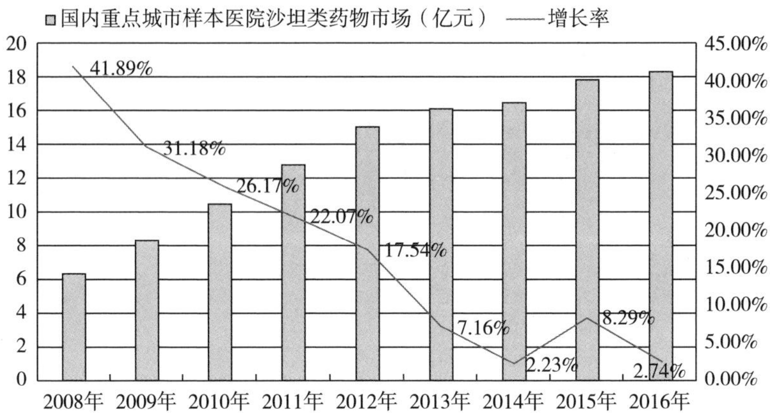

图2－3　重点城市公立医院样本中沙坦类药物

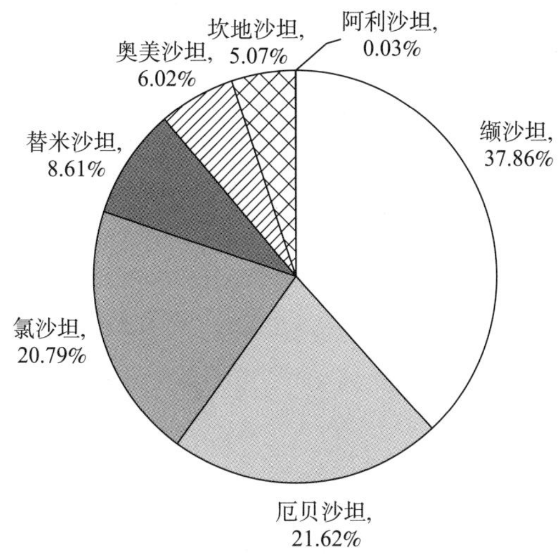

图2－4　样本医院中沙坦类产品份额

二、产品情况

表 2－3 产品情况

产品	剂型	生产企业	备注
坎地沙坦酯	分散片	昆明源瑞制药有限公司（4mg/8mg）	
坎地沙坦酯	片剂	北京四环制药有限公司（8mg）	
		天津药物研究院药业（4mg/8mg）	有原料文号
		山西皇城相府药业股份有限公司（8mg）	有原料文号
		广州白云山天心制药股份有限公司（4mg）	
		武田药业株式会社（天津武田）（8mg/16mg）	原研单位
		浙江永宁药业股份有限公司（8mg）	有原料文号
		海南惠普森医药生物技术有限公司（8mg）	
		湖南天地恒一制药有限公司（4mg）	有原料文号
		珠海联邦中山分公司（4mg）	有原料文号
		福州屏山制药有限公司（4mg）	
		迪沙药业集团有限公司（8mg）	国家科技进步二等奖，有原料文号
		重庆圣华曦制药股份有限公司（4mg/8mg/12mg）	首仿单位，报一致性评价，单品过亿，有原料文号
坎地沙坦酯	胶囊	北京斯利安药业有限公司（8mg）	
		江苏苏中药业集团股份有限公司（4mg）	有原料文号
		青岛黄海制药有限责任公司（4mg/8mg/12mg）	

坎地沙坦酯是新一代抗高血压药物血管紧张素Ⅱ受体拮抗剂代表性降压药，它有降压平稳、耐受性好、半衰期长、有效剂量小、长期服用安全可靠的特点。该产品由日本武田原研，国内为重庆圣华曦首仿，院内市场主要被武田、迪沙、圣华曦及源瑞（分散片）等企业占据。由于慢病药品院外销售对院内推广的依赖性强，因此，零售市场品牌分布与院内市场非常吻合。如图2－5、2－6所示。

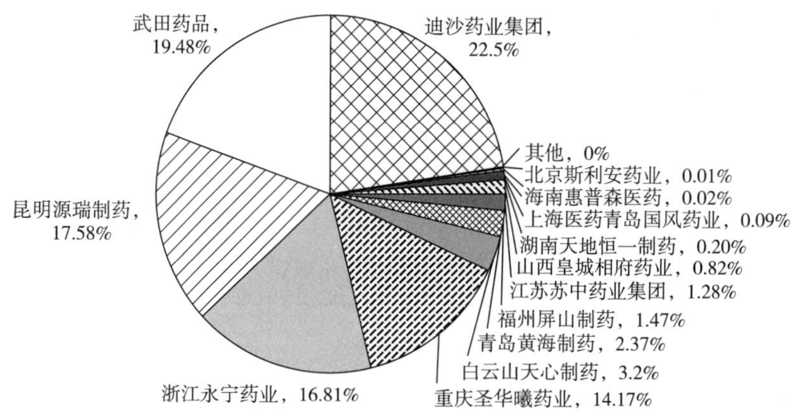

图2－5　坎地沙坦酯院内分布情况

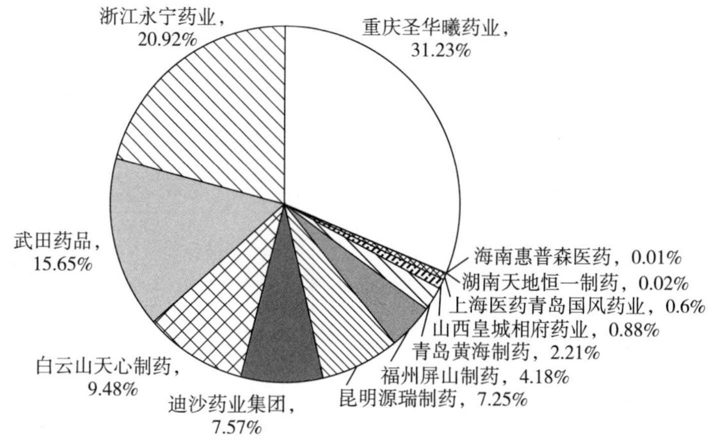

图2－6　坎地沙坦酯院外市场分布

三、产品推广要素

（1）坎地沙坦比钙拮抗剂控制血压时血压变异性更低，24小时平稳有效降压控制。

（2）坎地沙坦降低炎性反应，改善胰岛素抵抗优于氨氯地平。

（3）有效保护内皮血管。

（4）坎地沙坦降低高血压伴Ⅱ型糖尿病蛋白尿、血肌酐。

（5）延缓或逆转糖网进程。

（6）有效治疗高血压伴心衰，降低左心室肥厚、改善冠心病症状。

（7）坎地沙坦降低脑卒中发生率，有效降低下肢动脉血管硬化程度。

表2－4 品规与价格现状

产品	规格	生产企业	流通价格（不含返利与佣金）（元）
坎地沙坦酯片	8mg×8s	山西皇城相府制药	7
	4mg×14s	广药白云山天心	7.5
	8mg×10s	重庆圣华曦制药	10.8
	4mg×30s	湖南天地恒一	14.8
	4mg×28s	福州屏山	29.23
坎地沙坦酯胶囊	4mg×10s	青岛黄海	5.8
坎地沙坦酯分散片	4mg×16s	昆明源瑞	31.49

如表2－4所示，坎地沙坦酯片主要规格分布为8mg，武田、浙江永宁、山西皇城相府与迪沙药业等企业占据主要份额，4mg规格市场份额比较少。从产品的流通程度看，山西皇城相府与湖南天地恒一属于大流通产品，其中湖南天地恒一该产品对外提供定制贴牌业务，面向零售渠道。××××制药占比非常小，仅在部分有标内带动的区域销售。如

图 2－7 所示。

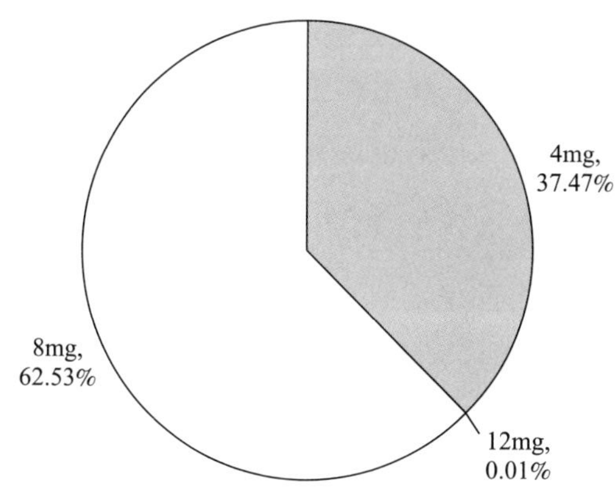

图 2－7　坎地沙坦酯片主要规格分布

四、市场策略

1. 产品定位

坎地沙坦酯最突出的功效为全面保护高血压伴糖尿病患者，且不受进食影响，不经过肝代谢，药物之间无相互影响。因此，该产品目标患者群细分后定位为高血压伴糖尿病患者。如表 2－5 所示。

表 2－5　类品对照

通用名	坎地沙坦	氯沙坦	厄贝沙坦	缬沙坦	替米沙坦
食物影响	不影响	Cmax↓	不影响	40% AUC↓，50% cmax↓	20% AUC↓
对 P450 同工酶的影响	不影响	影响	影响	影响	影响
药物相互作用	无	镇静安眠剂利福平、氟康唑等	氟康唑	镇静安眠剂、甲腈咪胍	地高辛

2. 渠道选择

（1）标内市场：从区域覆盖上看，坎地沙坦酯属于广覆盖产品，标内市场三个剂型基本上能够全部覆盖。因分散片为独家，因此，昆明源瑞市场份额比较稳固。片剂竞争最激烈，价格跨度也非常大。从常规产品看，单日服用量费用为2～6元/日，属于廉价产品。其中，近三年的招标数据中，除福建医保支付限价对4mg与8mg的最小制剂单元均设定1.01元外，其余省份均价为4mg1.3元。如表2－6所示。

表2－6　标内市场三个剂型

剂型	活跃企业数	规格数	覆盖区域数	单价（最低）	单价（中值）	单价（高值）
分散片	1	2	29	1.97	2.17	3.93
片剂	10	3	30	0.47	2.13	5.60
胶囊剂	4	3	29	0.80	1.70	4.41

（2）标外市场：院外销售的主要流量是依靠处方带动，在院内市场的拉动下实现零售市场的销售。从抗高血压药物的销售情况看，据相关资料统计显示，院外零售市场仅为总市场容量的10%左右，且以化学药为主。降压药的服用周期长且品牌忠诚度高，市场容量随着患病人群和潜在人群的不断增加而扩容。

3. 销售策略

基于×××企业（4mg）当前情况，与同包装规格竞品对比，中标价格基本处于最低水平，中标覆盖率处于中等水平，竞品为白云山天心与湖南天地恒一的产品。标内市场片剂基本上是武田（原研）、重庆圣华曦（首仿）占据，未来获取市场的重大机会就是进行产品的一致性评价。如表2－7所示。

表 2-7 片剂价格

<table>
<tr><th>包装</th><th>中标省份数量</th><th>中标价格水平</th><th>中标价格带</th><th>主要竞品企业</th></tr>
<tr><td>4mg×28 片</td><td>10</td><td>均为最低</td><td>30~40 元</td><td rowspan="2">重庆圣华曦、广药白云山天心、湖南天地恒一</td></tr>
<tr><td>4mg×14 片</td><td>7</td><td>5 个最低
2 个次低</td><td>16~20 元</td></tr>
</table>

首先，坎地沙坦酯片的主要市场为标内市场。从中标情况看，福州屏山制药的 4mg 坎地沙坦酯片属于较低价格带，因此，适合在执标的最基层医院推动，同时考虑药占比而在部分低价产品的等级医院进行销售。此外，考虑增加 8mg 规格，日服一片，从方便性和主流性考虑增规。拓展该产品院外市场，可以考虑与糖尿病管理及相关产品销售的企业进行合作关联。（拜廷联盟等）联合糖尿病产品，进行关联推广，开拓零售药房的慢病中心市场，通过零售市场补位，获取部分市场。

其次，当前沙坦类产品主流产品为缬沙坦与厄贝沙坦等医院推广成熟且国内企业众多的产品。推广切入点，依旧选择与同类产品对比下的安全性优势，如无药物相互作用，以及适合高血压伴糖尿病患者使用。从当前分级诊疗和慢病康复的情况看，大量的慢病用药面临下移的趋势。所以，学术带动和推广工作下移，在社区医院和乡镇医院推广。由三级医院专家进行学术指导，通过社区举办患者教育活动，并采用地面图文宣传等方式。

此外，在流通渠道中对同品使用价格拦截也是相对有效的方式。从坎地沙坦酯原料供应情况看，国内原料商沙坦类产品供应充足，制剂成本不高；从圣华曦上市公司的报表看，该产品的价格空间较大，该公司已经连续三年通过涨价提高利润率。按此推理，该产品依旧属于毛利率较高的产品，所以，在操作比较灵活的零售市场中，从重庆圣华曦及浙江永宁的院外市场入手，以价格空间手段进行渠道拦截，并通过销售激励的方式替换竞品份额。

第三章 如何设计产品销售路径

一、怎样做产品分析

在选择和签约之前，对于本产品及市场环境已经有了初步的分析判断，但是，一旦进入销售过程，就需要深化和领悟产品本身。对药品来讲，就是适应症、禁忌事项、特异性等，这种产品的传导需要两个过程：一是销售人员内部自上而下的传播和领悟；二是销售人员对客户的传播。此外，可能还有直接对消费人群的传播。

1. 产品认知

产品是营销的起点，产品的认知是基础。对于药品来讲，应该重点掌握如下内容：

（1）产品的适应症、毒副作用、禁忌事项、使用方法等。

（2）产品对应的国家政策和未来发展趋势，比如缓释片逐步替代片剂、口服剂型、注射剂等。

（3）大致描述每个产品的适应人群及变化趋势，以及当地的消费结构、经济能力、消费心理等。

（4）要知道竞品的销售情况，竞品在当地的市场规模、主要销售方式、价格体系及利润情况，以及竞品与本品对照差异有哪些，包括剂型、产品质量、供应稳定性和价格稳定性。

（5）对产品供应商的情况有所了解，比如生产企业是百强企业、原料自产、首仿专利等。

2. 产品卖点提炼

卖点是商品的标识物，是产品差异化的特点，也是信息传递的主要元素，因此产品卖点的提炼需要根据不同场景层层传递。

以某口服抗菌药物的颗粒剂为例，说明产品信息传播的要素。如图 3－1 所示。

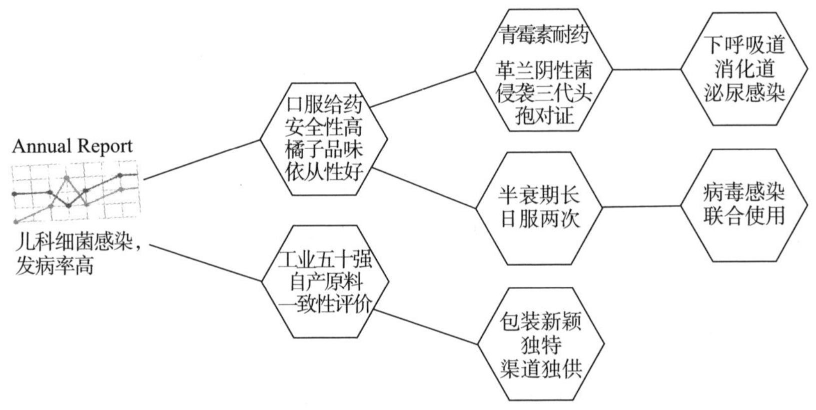

图 3－1　产品信息传播的要素

（1）儿科细菌感染市场较大，描述市场空间足够大。

（2）儿童用药首要考虑安全有效和依从性，因此重点突出产品特点。

（3）企业规模和质量标准是衡量产品质量和供应稳定的重要指标之一。

（4）注意陈述产品特点和独特优势。

（5）包装特点和市场保护在 OTC 市场至关重要。

（6）强化产品主适应症和联合使用的特点。

（7）考虑宣传手册和时节点，促销宣传时按照主诉求点设置内容。

3. 产品传播方式

销售价值的呈现离不开传播，产品传播常用传统媒体传播、新媒体传播、口碑相传等方式。

传统媒体传播：传统媒体主要是纸质报纸、书刊、电视广告、广播等传统方式，进行产品功效与品牌宣传，获得广泛的受众认知。常见的有非处方药在大众杂志和媒体的广告，以及书刊封面硬广、电视广告等。广播主要针对特定群体：一是老年人；二是司乘人员。因此，主要品类为保健补益类、类似于腰颈椎类职业病药物和相应医疗器械，以及久坐人群常见的高发病（痔疮、腰椎间盘突出）的治疗。

新媒体传播：新媒体指基于互联网兴起而发展起来的一部分新的媒体，主要有网络引擎搜索、关键词广告、排名等。此外，病毒营销是一种常用的网络营销方法，常用于品牌推广，病毒式营销利用的是用户口碑传播的原理，可以像病毒一样迅速蔓延，因此病毒式营销是一种高效的信息传播方式。这种传播是用户自发进行，几乎是不需要费用的网络营销手段。此外，药品的特殊性决定了它在专业媒体进行学术传播的重要性，药品信息在专业公众号等新媒体传播非常普遍。

会议传播：会议传播具有精准性高、面对面说服推广的特点，受众人群少，但是精准、传播力强，主要方式有大型的医药交流会议、企业产品推荐会、各种学术会议等。此外，在保健品销售和传播中，主要是对老年用户群与孕产妇女群体进行健康教育传播，借助会议植入产品广告。

事件传播：扩散需要借势，而借的势恰好可以使用正在发酵或者被广泛传播的事件，众多的热议或者当前需要解决的公众事件恰好就是可以被借用的。比如某种抗病毒药物，在有病毒性疾病传播的时候，就可能被广泛认知，从而获得较好的传播。此外，在雾霾天气的时候，呼吸道疾病高发，那么缓解雾霾对人的影响的产品就可以借势。

社群传播：信息与时间的碎片化，使大众注意力下降，吸引关注和占用关注时间成为所有广告的核心意图。而以社交、爱好、生活环境等因素完成关联的一些群体，相互之间有影响力。在此类社群中进行传播，靶向性明确，传播内容集中且口碑较好。正如电影《我不是药神》里看到的特殊人群用药在该病患群体中的传播和销售。

学习传播：新产品和技术推广使用的时候，需要受众客户掌握使用方式和性能功效。因此，制定专门的学习课程，可以在线，也可以组织线下课堂，以授课方式为主，此类传播方式稳定性高、忠诚度高。常见的有 KOL 的学术会议推荐，基层市场中雾化、透皮贴等产品与技术的使用推广等。

时节传播：通过大众关注的节假日、节气、公众事件进行提示、关爱的文案与图案，或者以动画方式关联产品和企业品牌进行大众转发和推送。以时点为引发点，吸引大家关注。

4. 产品品牌的塑造

人们之所以喜欢品牌，是因为信任品牌，代理商打造自己的品牌意图持续稳定获得消费者。很多人喜欢将品牌塑造进行分解，比如产品优势、价格优势、包装特点、个性化服务等。这本身没错，但是尴尬的事情总会发生，那就是消费者凭什么相信你？我们先要梳理产品卖点和消费者利益点，从而进行产品与消费人群或者处方人群的匹配。产品卖点，一方面是产品的属性特点，功效明确；另一方面，是产品的利益点，就是能给对方带来哪些利益。此外，从消费群体的角度剖析产品的卖点和利益点如何转化为消费者需要的价值。最后就是进行情感转化，这就是营销 4P 中的各种促销套路的使用，触发他们的情感共鸣。

有了以上准备，才有了品牌传播的基础。首先，完成商品与消费群体利益匹配的拆解，接着以能够打动对方的标准来提炼信息。其次，就是将表现力与产品本身连接，让消费者将记忆与商品关联。最后，就是各种展现手法了。带着消费者走，消费群体进入剧情，产生追剧的渴望，就完成了品牌塑造。

二、价格体系如何设计

药品作为一种商品，与其他商品一样，研发、生产、销售及消费遵循市场规律的经济性与竞争性。但是，药品有特殊的一面，它与人的生命健康息息相关，按照严格的质量标准进行生产。具有社会公众性和需要迫切性，患者对药品的需求处于无选择或者低选择状态。因此，一定程度上药品缺乏需求的价格弹性。如图 3－2 所示。

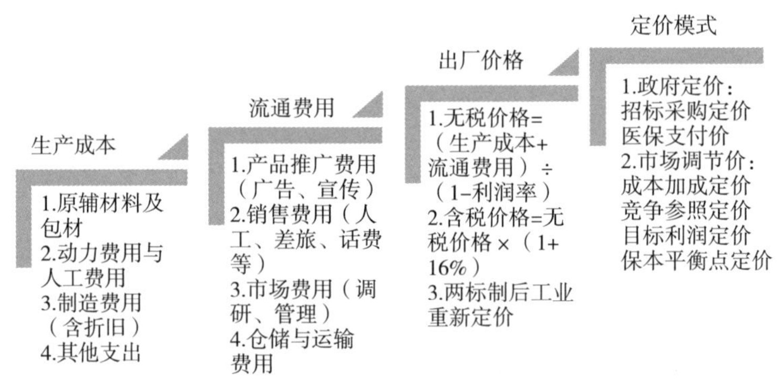

图 3－2　价格体系

成本加成定价：P＝单位产品总成本×（1＋加成率）

目标利润定价：P＝（总成本＋目标利润）/预算销量

保本平衡点定价：P＝固定成本/销量＋单位变动成本

竞争参照定价：以选定竞争对手价格为参照物定价

从理论的角度看，企业根据经营目标和产品生命周期中的位置有如下几种定价方式：

（1）撇脂定价法：产品投入市场的价格高于预期销售价格，迅速赚取利润，收回成本。

（2）渗透定价法：产品投入市场的价格低于预期销售价格，以最快速度占据市场份额和提高销量。

（3）满意定价法：产品投入市场兼顾买卖双方的感受，价格适中，彼此满意。

实际上，在医药产品的价格体系设计中存在多种方式，核心依旧是保障成本与零售价之间的部分进行合理分配。比如成本加成定价法，以采购价格按照比例加成定零售价。

一是参考该产品零售价格（企业自主定价的价格文件）；二是参照同类产品的价格水平和当地消费水平；三是在公司毛利率标准范围内。

此外，如果是中标产品，中标价就是设定的一个消费价格标准，扣除配送费后，需要企业对中间部分进行核算分配。如果是院外销售模式，首先按照市场标准和企业情况设定零售价，然后计算代理商价格或者业务员价格。某些企业的标准为：产品成本价 ÷ 系数（0.6） = 代理价。这个代理价包括定期促销政策，这样就形成了统一的出货价、零售价。

三、渠道策略多元化

渠道是药品从原产地到消费者手中所要经过的路径，包括一切商业组织和个人。起点是生产单位，终点是消费者，医药产品渠道选择范围比较小。首先，渠道选择自由度小，必须具备医药产品经营资质。其次，对渠道成员有限制，需要通过相关认证，此外某些特殊产品有专项管理，如疫苗、毒麻类产品的特殊管制。

1. 常见的医药产品流通渠道

（1）直营终端模式。自营队伍销售的模式主要是外资企业，有原研产品的优势，能够支撑产品组独立运作，集中在医院销售上面。因此，外企的学术推广更加扎实到位，临床认知度更高。此外，部分企业设置了专门的 KA 部门，针对大型连锁药店、民营连锁医院、诊所等重点终端进行专人开发和维护，以工业直供的方式进行业务合作。直供终端的方式有效地减少了渠道成本，提高了终端掌控能力和信息通畅度，但是需要较为成熟的产品支持基础量，也需要毛利足够的产品贡献利润来满足自营队伍的费用要求。

（2）混合型经销模式。在产品资源允许的前提下，按照产品分类，一部分自认为核心产品，或者是长线产品的在销售资源成熟的前提下采取自营队伍直营销售，选择当地商业公司配送，终端销售掌握在自营业务部门手中。比如常见的控销模式中的一种，就是指定商业配送，对目标终端的开发和维护及促销活动由厂家业务人员完成。在销售资源不足或者空白的区域由企业按照既定价格体系招商，以合作开发的方式寻找代理商资源，或者嫁接其他企业销售团队进行销售。

（3）流通销售模式。对于市场认知广泛，竞品众多且毛利较低的产品，企业的主要策略为广覆盖，发挥规模优势，实现价格优势。因此，此类产品主要以大流通商业客户和大物流调拨为主，主要由公司商务人员负责发货、回款，全国集中性开发区域性物流龙头商业，经销方式为区域销售协议，促销方式为阶段性返点和开票人员激励，商业获利方式为年度销量达成后的返点。

（4）佣金制商控模式。商控模式被一些知名企业或者产品有足够品牌认知度的企业采用，这些产品经过多年的沉淀有市场基础，能够形成自然流动。但是，受制于终端竞争，导致价格混乱，成为鸡肋产品，本身可以导流，但是毛利太低，价格竞争无序。商控是指从渠道端进行管理，区域独家经销，统一终端价格，管理流通乱价。管理的手段，采用佣金兑付的方式，使用商业的覆盖和维护资源，实现产品有序销售，稳定价格，保障经销商的合理利润空间。工业派驻商务人员负责商业渠道的建立和管理。

（5）终端控销模式。终端控销是基层市场非常普遍的销售方式，集中特点为“三控”——控渠道、控价格、控终端。主要表现为大量的医药终端自由人出现，通过商业挂靠的方式销售，以自己配送或者挂靠商业配送，构建了省总、地总、县总三级，三级分别加价。各层级利润得到有效管控和保障，释放销售压力，在消费者可接受的情况下，优先设置零售价并保证统一，合理分配各级结算价格与供货开票价格的差额。终端人员通过人海战术和强有力的促销方式带动销售。

（6）直销模式。生产企业绕开渠道商和零售商直接为消费者提供药品，这种方式得益于互联网电商的发展，企业将非处方药和消健卫等产品通过自营电商系统进行 B2C 交易。目前，网售产品主要是器械、健食类及部分常用的 OTC 产品，活跃人群多为青年人。此外，也有部分企业通过报刊媒体和会议营销等方式直接对消费者进行销售，采用快递或送货到家等方式完成产品转移。

2. 确定渠道的基本模式

（1）产品是通过药店零售体系销售（OTC）还是通过医疗机构销售（RX），或者是两个渠道均有，还有电商线上平台销售（OTC、消卫健）？是否使用中间商业进行中转？比如中标后由配送商负责医院配送和回款，或者自营商业公司负责配送。工业直开连锁店、厂家直接开户发货，或者通过当地代理商业进行分销和配送。确定中间商的类型和数量，常见的有一二级分销体系，以省或地市为单位设置一级商业开户平台，下游继续设置二级分销商业。也有区域独家代理，直接配送终端，比如两票制后的商业配送关系就是大量的配送商业直接开户。

（2）确定渠道的宽度。由于医药产品的特殊性，不同产品巨大的需求差异和市场表现，需要确定每个层级的渠道商数量，也就是渠道宽度。比如流通性较强的产品，有基础市场认知和自然流量，以省级为单位设置一个大型物流的调拨平台，以地级市为单位设置若干二级纯销商业。当前两票制配送，只能按照配送商覆盖情况进行直开户，也就是全部为一级商业公司。

（3）明确渠道商的协议权责和义务。

第一，协议数量与价格政策。

任何协议的核心内容均是量价与权责，协议量以选定的参照标准为依据，双方协商设定，并约定相应的供价与售价，同时明确价格波动幅度及调整说明等，包括跨区域销售及扰乱价格体系的相应责任。

第二，销售和开发进度与配合事项。

正常情况下，销售协议需要规定销售进度，实现均衡销售管理，甚至约定医院的开发数量、进度及重点医院产出量等。基层院外市场则会明确终端覆盖率及增长率。此外，随着招商的精细分工越来越有力，上游的促销支持和培训活动均在加强，而下游的流向分析和管理也提上日程，因此，越有力的促销下沉，越需要双方密切配合。

第三，区域约定与流向追溯。

如果是区域独家代理，那么地域划定很明确，不能越界，而且上游对货码小号及下游流向的梳理非常关键。

第四，价格维护与违约责任。

价格稳定是任何商业运行都期望的，由于销售政策不统一、区域间消费差异，以及任务指标压力，经常会发生窜货与冲货事件。价格波动最受影响的就是代理商，因为价格流转不透明是大家期望的，一旦不断地被低价袭扰，对代理商的利益和口碑影响很大。因此，在常规的药品销售协议中，对于价格体系破坏及扰乱正常流转价格的代理商均会明确违约责任。

（4）渠道方案定期评估与调整，如表 3－1 所示。

表 3－1　渠道方案定期评估与调整

渠道经济性	渠道控制力	渠道适应性
便捷、通路最短、时间最优	上下可追溯、政策可落地	可量化的数据证明业绩提升

四、窜货管理制度化

窜货是一个永恒的话题。对销售人员来讲，窜货是不符合游戏规则的，但又是非常普遍的，甚至可以将一个产品“窜死”。（历史案例——旭日升冰茶）

恶性窜货：从个体利益出发，故意向非辖区倾销产品，获得非正常利益。

自然窜货：在不同区域交接的地区，有的商业公司可以自然覆盖，正常的业务流通虽然跨区域，但是非恶意。

良性窜货：一些大型的商业流通公司本身有调拨和流通习惯，不经意间发生跨区域流通。

由于各区域操作方式不同，价格体系与销售政策存在差异，不同区域之间有信息壁垒。因此，窜货对流通中的渠道结构和价格体系的冲击比较大。如图 3 – 3 所示。

窜货的解决方式如下：

- 协议明确列明窜货处罚条款。
- 产品打码，方便监控和追溯产品流向。
- 业务人员自律管理与窜货处罚标准制定。

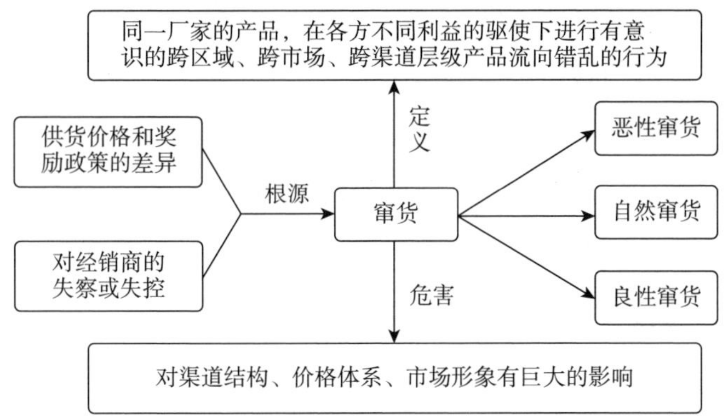

图3－3　窜货

窜货管理是基于产品有序销售和渠道商利益保障的前提，我们常见的产品推广期无须考虑窜货影响，因为没有基础认知、自然流量，产品无法冲窜。在成熟期的大流量环境下，窜货可以带来短期利益，投机的心态时刻会破坏制度。实际上，药品窜货管理最重要的漏洞就是制度不完善，不是处罚制度而是产品的管理制度。很多企业对于窜货只是处罚，再无他法，只是喊口号而已，根本解决不了实际问题。窜货管理制度化需要考虑如下问题；

• 流向管理。产品通过哪些渠道流通到哪些地区？面向哪些消费群体？流向管理应该成为基础制度，保障真实性与完整性。此外，流向管理还可以为产品消费分析和渠道商管理提供数据来源。

• 渠道管理。作为商务人员，渠道管理是基础工作，对分销商的管理不仅仅是开发和回款，还需要掌握产品动态。此外，渠道分解不宜太长，链条越长，管理难度越大。正因为如此，大量企业青睐渠道商的纯销占比，从而降低渠道管理难度。

• 人员管理。分销商跨渠道流通，一定与供应商业务人员有密切关系。也就是说，自己人管不好，客户的窜货一定管不好。人员管理的重点在于积极沟通，流向标准动作执行到位，不同区域之间应该提高沟通意识，配合解决问题。

- 价格体系。由于阶段性的销售价格不统一或者区域性的价格落差，非常容易导致流通错乱，那么价格体系能统一吗？显然不能，价格体系可以不统一，但是利益分配一定要均衡合理。因此，应该注意价格系统背后的问题，那就是利益分配。

- 窜货事件分析。在窜货中有自然覆盖、有货品调配，也有互抵货款等现象的存在，这些合理的窜货在一定程度上有利于正常业务的开发，应该区别对待。

第四章
如何做好促销

促销是营销环节中最灵活的一环，也是最难执行的一环。在国内的药品销售中，产品、价格及渠道很难有新的突破，最容易见效的就是促销手法的使用。促销是动态过程，促销决定命运，由于上游所有环节相似，促销手法的差异化和独特化将成为大家追求的目标。绝大部分的促销手法使用在 OTC 销售渠道，临床集中表现为学术推广和会议赞助。促销是商人的专利，商家是精明的，消费者也偏爱促销，消费者只关心促，商人就喜欢销。促销是人人皆知的概念，但是玩转促销却是人人都发愁的事情。药品促销也亦然，面对竞品的挤压，总要找到手法把货压到客户的渠道里，使之快速流转起来。

一、促销设计的流程

1. 客户分类，选择目标

首先明确促销品类是哪些，把销量靠前的客户名单列出来，让业务员了解其库存情况，根据历史销售情况做出判断。制定一个较为合理的促销组合量，也就是起步量。一定要明确促销对象，否则会闹笑话。

2. 洞悉客户需求

没有人愿意占用资金来压货，都希望自己的渠道快速流转、库存转移。接受促销就是要提供便宜，重点在于你抛出去的便宜是否诱人。促销方面高手辈出，很多控销企业帮助客户做动销完成促销，有带着设备免费检测的，有拉着鸡蛋做社区活动的，也有摆着电磁炉熬阿胶的等。

3. 多元化的促销方式

OTC 渠道的促销手法多种多样，就传统促销手法来说，包括买赠活动、积分兑付、旅游活动、培训学习、拓展参观、协议赞助、抽奖摇号等。买赠就很简单，就是高出的部分以非药品的方式赠送，前提是牺牲一部分固有利润；累计积分，给予相应的奖励，可选择性强一些；旅游活动和培训学习非常流行，一次或者多次压货达到一定数额，随团享有旅游活动，好处是客户可以带动客户，激发从众心理，而且陪同出游过程中的互动可以增强客情的密切程度；培训学习和参观拓展是针对一部分希望获得外界知识的人，为其提供的一种服务方式。

此外，众多大客户不局限于小恩小惠，希望有协议量获得大返利，比如有约定年销售一定数额送宝马、奥迪等。笔者曾经做过非常规的旅游促销，促销活动针对的是客户的小孩——夏令营活动，签约培训学校两名老师随团一起组织活动。一般情况下有家长随同，无意中销售额就翻了一番（多一个名额），甚至有的要求去两名家长，皆大欢喜。一边组织儿童旅游学习，辅导假期作业；一边给家长培训国学常识，以备日后回家教育孩子。客户感到新颖，孩子过得快乐，这样的促销活动重复进行成功率非常高。此外，旅行社的餐饮稍差，考虑预算限制，只能采用逐步增加的方式。第一天大家有意见，第二天增加费用上了一个档次，第三天、第四天、第五天依次加档，大家留下的只有美好的记忆。

4. 促销后的跟进

促销不是简单完成压货和回款就结束了，促销后的跟进非常重要。一是关注客户的动销问题，销售不是一次性交易，必须协同，才能配合得当；二是造势，放大活动效果，影响和鼓励潜力客户，让他们感到遗憾，激发后续参与的热情。要求业务人员晒图和分享。

5. 费用分配

促销过程的完成离不开大家的努力，付出就需要有回报，给予相应业务人员及会务推广人员的奖励是必不可少的。同时，对营造促销气氛的抢手客户，快速兑现承诺至关重要。

促销是营销的重要环节，促销水平的高低可以显示企业营销能力的高低。尤其是终端促销，老百姓长期生活在各种促销大战中，虽然药品的特殊性会降低消费者的疲劳程度，但是依旧需要认真对待，才可事半功倍。

二、常见的促销方式

1. 针对医院用户

学术会议赞助。常见的市场行为，可以是药企主办学术交流会，也可以是会议主办方帮助解决会议部分费用问题，以促进医药领域学术活动的开展。主要方式有：赞助行业协会或者医疗机构主办的会议；自办学术会议邀请和赞助医生参加；还有一种就是赞助医生参加其他企业或者第三方的学术会议，帮助医生解决一些参会费用。这种赞助的方式比较常见，也是为促进和带动学术交流的方式之一。但是，经常会有不合规行为发生。

学术推广会。在临床使用过程中，需要改变医生原有的用药习惯，这个工作难度非常大，需要产品负责人或者代表采用学术方式提升产品用药的科学性，积极阐述自身产品的优势和临床使用带来的利益诉求，使得功效确切、安全性更高的产品获得认知，尤其是前期获得学术带头专家的认可。

2. 针对消费群体

买赠促销。买赠活动就是以购买指定产品为前提，赠送本品或者其他商品、服务，常见的有买二增一，或者积分送鸡蛋及其他物品等，也有会员积分换购或者直接兑换实物商品，从而带动购买量和形成长期购买习惯。

时节促销。逢节假日或者会员日有折扣活动，或者购药有礼，针对节日特殊群体的专项优惠等。

免费检测与体验。通过对顾客身体健康程度的免费检测评估带动相关产品销售，还有针对某类疾病患者进行免费试用和体验的活动，以加深产品效能介绍和互动，促进购买行为发生。以骨病、疼痛症状为主，一般以体验感较强、快速获取感知的产品为主。

3. 针对零售销售群体

压货及拦截激励。针对零售或者目标客户体系内部的促销，目的是完成压货和实现库存加速周转。终端的阶段性激励活动有效带动产品消化拦截竞品，辅助压货。此外，还有通过旅游及体验活动等大型项目实现产品一次性到终端的压货方式。

培训学习。通过为终端提供培训学习的机会，带动品牌认知及客情维护。部分企业有针对性地做特色疗法等推广，为终端拓展盈利及服务空间，同时销售配套产品（透皮、雾化、灌肠、针灸、按摩推拿等）。

追加返利。对于正常销售或者流通类产品，针对分销商的压货和促销方式就是增加返利。

4. 促销思路的各种创新

促销的实质就是密切客情及打压竞品，客情关系上主要是降低沟通成本，有目标地对锁定群体进行客情投入，将思维重点转移和集中到自己的产品和品牌上。情感关怀与互动体验是最有效的方式。至于打压竞品，除了产品特点外，渠道和促销是最可控的手法。促销就是面对面的竞争，同质化严重、乏力，需要创新，让你的影子萦绕在核心客户的脑海，占据有限的心智资源，需要从内部和外部两方面入手。

（1）发掘内部需求，寻机切入。

促销需求谁都有，这个需求是发掘做客情关系的需求。从客户内部出发，分析客户团队建设的需求。客户内部团队的凝聚力打造和团队业务能力提高是客户管理层的需求，而充分的福利和情感关怀则是团队员工的需求。

设想一个场景，在电影院大包厢里，通过简短的视频完成产品要素培训。接下来大家一起看电影，观众是员工和家属，他们在吃爆米花、喝饮品的同时，必然对突然插播的产品广告记忆深刻。对员工来讲，这是家庭团体聚会；对老板来讲，这是团队建设聚会；对供应商来讲，这是产品推荐会。只是环境变了，在电影院举办，大家手持统一 Logo 的品牌提示物，身着带有 Logo 的马甲或者 T 恤，场景氛围的营销烘托，加深观众的印象。

（2）激发外部需求，吸引客流。

不论是医院还是药店，患者流都是生命线，都要费尽心思地吸引客流。当产生竞争的时候，就需要考虑促销拉动，人无我有，人有我优，人优我特。

设想一个场景，你的会员教育在电影院完成，健康知识培训的简短视频后播放儿童电影，从娃娃抓起比较容易切入，影片中间可以植入秒广告。会员是核心资源，是创造价值的主力。此外，凭累计小票或者会员卡积分可以现场抽奖，核定抽奖的标准，奖品是带有 Logo 的品牌提示物。

（3）引导客户核心人物的需求。

客户核心人物作为管理层级，在个人体验方面会有更多需求，组织核心管理层拍一个微电影作为团建素材也是不错的创意。

促销就是投其所好，找到能刺激和改变其想法的痛点就能够实现既定目标，世界上最难做的事情就是人的工作，没有什么能够改变促销的魅力，只能不断发掘需求、创造性地引导和烘托氛围，由单一行动变为集体行动，降低成本，聚焦目标。

三、定向促销和引爆大单品

1. 定向促销的思考

定向促销是在既定的渠道或者受众人群中进行的销售带动，首先是锁定目标，目标有受众也有竞品，按照自身资源与促销环境中的因素进行列示。如图 4－1 所示。

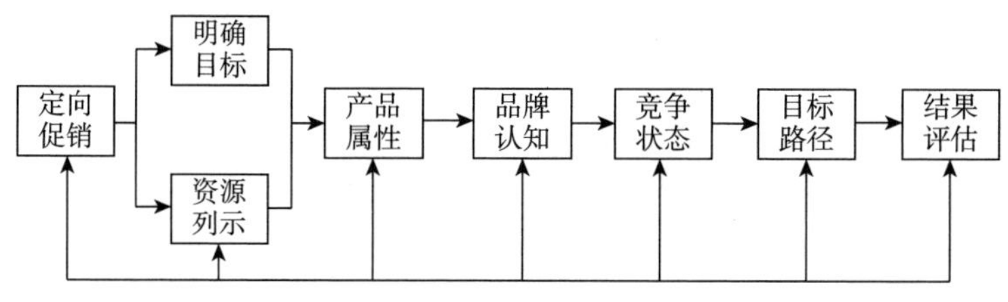

图 4－1　定向促销

定向促销要点：

（1）按照产品属性进行正确认知普及，找到一句话卖点和差异化优势。

（2）分析竞品认知差异，找到切入机会点，突出重点。

（3）基于事实评估竞争环境及主要竞争对手，避实就虚，不可造成正面冲突。

（4）达成目标设置备选路径方案以供选择，选择题的解答难度低于其他，便于促成接单，也在一定程度上影响和扰乱理性决策。

（5）促销是过程战，但是考评标准依然是结果，业绩决定一切，所有的促销一定有阶段性目标的总结和方法回顾。促销结束后的回顾应该是对促销内容、动作执行、费用使用、结果与预期差距的原因分析进行详细评估。

2. 引爆大单品

爆品的概念源于电商，大概意思是大单品快速爆发上量。如果从大众零售产品的角度看，就是在突破正常渠道阻力而构建出来的高需求、微创新、良好体验的产品。当阿里巴巴把“光棍节”打造成一个购物狂欢节的时候，不仅仅是快消品搭车，药品也不例外，尤其是 OTC 和健食械产品都在赶潮流。那么药品如何借鉴？很多人容易联想到终端路线中的黄金单品的概念，有很多方法论述如何做黄金单品。

爆品需要解决以下几个问题：

一是如何选产品；

二是如何制造爆点；

三是如何引爆；

四是引爆后如何关联。

爆品选择的显然是大众化产品、常用药品类，大众有需求、处方容易的产品。大品类上，慢病用药、解热镇痛、抗生素、补益类、减肥药等。这类产品的特点就是起点低、轻决策、单品有代表性、受众广。爆品更多的是零售体系，因为零售渠道的产品只有一个成本，顺势而上，空间不固定、变化多样。临床产品的前提是有中标价，在成本价格与中标价格之间的部分进行分配，相对固定。

（1）制造爆点。

爆点就是点燃最突出的卖点，以前的产品守着成本底线、价格底线，这显然不符合时代的要求。爆点制造基于痛点和盲点，所谓痛点就是客户消费障碍，为何不主动向你购买？盲点就是认知不足，需要树立概念、建立印象。按照传统路线思考，很多客户把价格作为痛点，实际上它的障碍是盈利容易度，也就是需要引流。爆点制造需要注意：首先进行区隔，市场上有无数类似的产品和适应症，必须寻找细分后的隔离带，切入这个隔离带。爆点的选项范围：细分后的适应症聚焦，与强品牌关联，独特的剂型和使用便利性。

（2）如何引爆。

事件营销、节日卖点，最厉害的就是补益类与计生行业的几个品牌，总是能恰到好处地引爆。那么，引爆靠谁？靠媒介。媒介有大众媒介，也有个体，个体都是自媒体，需要集中通过事件进行快速释放。

（3）爆后关联。

因为引爆的单品，商家基本上是无利可图的，真正的目的并不是爆品本身，爆品只是引流的，吸引并形成聚集。而后的目的是通过爆品的聚焦人群向其他毛利产品的引导转化。形成爆品效应后，首先是找到第二个可以与它搭配互补的产品。一是借势；二是为下一个爆品做好铺垫。

（4）利益分配。

药品打造爆品过程还有关键一环，就是如何分配利益。利益驱动需要恰到好处，能够有效地完成引爆时的积极动力和引爆后关联的深入程度，也就是传播环节的借力与接力。分配的关键是明确系数，按流量计算。

做药，尤其是在大零售环境下做药，已经不需要借用传统的路子了，站在用户的角度思考，寻找不断消除障碍的方法，也就是解决传播和接纳过程中的痛点。

四、会议促销的组织

会议销售源于会议营销的方式，按照理论概念解释为：它是指通过寻找特定顾客，利用亲情服务和产品说明会的方式销售产品的销售方式。会议营销的实质是对目标顾客的锁定和开发，对顾客全方位输出企业形象和产品知识，以专家顾问的身份对意向顾客进行关怀和隐藏式销售。

会议销售有隐性的也有直接的，隐性的更多是传播、互动和学术影响的需要，直接的就是销售订货会议。

1. 临床产品学术会议

临床产品学术类会议主要有科室会、省市医学论坛、病例沙龙交流会议和专家讲座等。比较有代表性的就是省市级大型的学术会议。

（1）流程：会议方案——会议筹备——邀请函推送并确认——讲师沟通——会议布置——会后跟进。

（2）会议方案制定，向公司申报预算费用。

首先是明确会议的目的与主题，计划邀请哪些专家学者，明确讲课的主题内容等。此外，选择酒店会场，并安排沟通会场与交通住宿等问题，包括内部沙龙小会场等。列出拟邀请客户的名单、演讲者名单，并落实负责沟通与联络的负责人。按照整个流程列支预算，提交申请。

（3）会议筹备并确定主要参会人员与主要讲者。

会议筹备按照制定的方案进行分工执行，按照公司政策与市场需要，明确大会的主题词和举行学术会议的目的，靶向集中，目标明确。对公司资源库进行筛选，确定会议的主持与演讲专家，并一一沟通主讲内容与时间安排。

（4）会议举行。

学术会议召开前需要准备相应的会议签到表、参会人员住宿表，以及产品资料、展示台、易拉宝、期刊等相应资料。此外，应该在开幕或者会议前后播放企业与产品的宣传视频。

2. 会议组织注意事项

（1）会议筹办方案。

成功的前提是有好的方案，不是拍脑袋的灵感创意，而是脚踏实地的可执行方案。三个关键要素：一是预算第一，花多少钱办多少事儿；二是团队分工，会议行动的执行和密切配合是关键；三是受众心理阈值的评估，决定会销的结果。

（2）列示预算。

任何活动都是烧钱的游戏，活动预算必须列示，按计划支出。作为活动的费用组成部分，需要细分各环节。首先，从邀请函的制作开始，会场租用、车辆使用、会场设备租用、休闲区域布置、礼品准备、水果茶点、用餐住宿等涉及可能发生的费用需要全部列出。估算总额，核算会议预期结果，计算费销比，在会后评估时做依据使用。

（3）按照模块分工执行。

一般来说，会销分工比较明确，现场布置、秩序维护、签到登记、主持及互动由会务组完成。会前政策解读、预订单拉单、会中促单、会后跟单等，以及配合会场行动，都是销售组要完成的工作。还有关键的一个会中互动就是需要提前安置人员，烘托互动氛围和提升参与感，带动和促进订单完成。

（4）会销政策制定。

会销除了完成既定销售目标，还有一个更重要的目的就是实现现场感染和宣传的目的。因此，会销必须有爆品，用来吸引人，通过爆品带动主推品做搭配。会销最适合的就是套餐，做小组合，且要降低门槛，因为会销是让大部分人参与，让部分人提交中单，让少部分人签约大单。大单基本在会前锁定，中单为会前与会中合力的结果，小单就是基础套餐，让每个人都能接受的一个基础单元。会议费用靠什么完成摊销？靠新品，一般来说新品是高毛利的，基础套餐也要绑定试用和出样的数量。

（5）现场氛围。

“酒香也怕巷子深”，关键看吆喝，会销主持是会销的灵魂人物，把控整个会议进度。需要及时发出信号，鼓励工作人员互动。此外，主持人话术应该不失专业水准，增强可信度。当然，主持的临场应变能力一定要强。政策解读应该环环相扣、引人入胜，最终循循善诱，对签约完成起关键作用。会销的境界是不让大家感到压抑和被迫，应该是一个享受和学习的过程。因此，氛围烘托必须事先分析参会人员的心理状态，逐层突破。

（6）评估。

基于目标的结果评估至关重要，会销结果不仅仅是现场完成，还有潜力客户的吸纳和信息传导。量化应该占据一大部分考核，非量化的也需要重视。会后除了直接效果的评估，应该会同销售人员分析客户订单，分析哪些客户容易现场购买完成，哪些客户一直没有购买决定。分析原因，做好跟进工作。

会销的诱导主要是政策、氛围、互动，这也正是会销的核心要素。把会销当成一项有规划和有逐级目标的项目进行分解，与客户进行一一对应匹配。会销的实质依旧是信息不对称，或者适当放大部分隐蔽信息，保障利润。

五、如何进行渠道拦截

产品策略除了开辟新路径外，就是通过拦截获得一席之地，只要市场容量足够大，完全可以容纳众多的产品。以抗生素为例，一部分人笃定医院，因为产品标准高一些，标内市场只要空间足够，上量很容易，多年的习惯形成且效果确切。但是在基层市场，需要耗费大量的精力进行拦截和替换。

基层市场拦截首先需要有清晰的定位，我的特点是什么、我能做什么、以市场使用较为普遍的头孢克肟为例，最典型的特点就是半衰期长、肝肾毒性小、对阴性菌效果确切。这是区别于一二代药品的主要特点，强化优势，对阵替代品。第二个需要明确的就是在区域市场拦谁？通过什么拦？比如经济性角度，环节费用带动，或者特殊的卖点陈述及联合使用等方面。第三个就是在哪个地方进行拦截？路上还是在消费者端口？大部分时候是在路上，在渠道的流动节点中进行拦截。

基层市场流通的绝大部分都是普药，而普药的特点就是拦截简单，只要找到容易击破的点，就可以有所收获。

1. 基于流向终端的拦截和开发

目标客户：商业所覆盖终端。

步骤：

（1）进行历史流向分析，明确终端范围。（一类为切换，一类为替代）

（2）与商业销售负责人沟通，制定产品的套餐价格与促销政策，力度足够。

（3）对商业业务人员与开票人员制定激励方案，并有商业客户明确的奖惩制度，对目标终端进行信息传播和劝导。（功效、利益对比、时效，简单的卖点话术）

（4）对时段内活动进行评估，统计有效销售数量，以及按名单统计成功率。

关键点：商业队员的执行力和推荐能力，对商业来说也是一次练兵机会，设置新开发终端奖励。

2. 会销套餐补位和单品压货

目标客户：参会终端与商业。

步骤：

（1）商业公司组织的产品推荐会，如果商业统一组织产品套餐，那么沟通产品做套餐补位，按照设定标准的利润率进行会场定价。抗生素产品为走量产品，容易动销。因此，对于任何客户来讲，作为补位产品的销售难度低于其他产品，便于客户达成目标。

（2）商业公司组织的客户订货会中，如果非统一组织，那么需要考虑单品销售的会效问题，完成单品压货。压货的促销方式，可以是买赠活动，可以预付款折扣，也可以是分期累积兑付。价格可以调整，重点在于附加品的诱惑力大小和相对价值的诱导。

关键点：向商业公司分析抗生素产品的特点，百搭易销，计算利润率，避免提及利润额。

3. 纯销团队产品弥补

目标客户：终端自由人团队。

步骤：

（1）在该区域内寻找运作黄金单品的控销团队，了解其运作规模、利润率及覆盖情况。（黄金单品毛利高，但是运作成本也高，很多终端拜访为提高成功率需要流量产品支持，降低拜访成本）

（2）选择某品规与其谈判，进行产品结构补位，成为其拜访切入品或者流量产品。

（3）约定阶段性销量，成为赠品首选和导流首选，从而获得增量。

关键点：寻找控销团队最薄弱的环节：一是降低运营成本；二是让更多的终端有导入点后再引入黄金单品。

在基层市场的拦截过程中，要集中优势力量解决单品问题，营造气氛。之所以需要拦截，就是因为影响力不够、认知度不高，而解决这些问题的前提就是让你的产品经常出现在他们眼中。所以，做拦截首先是单品突破。很多人进行渠道上端入口的采购拦截，也会收效，但是在满大街都是竞品的情况下，最好还是下沉拦截，解决销售问题。

第五章

如何走好转型之路

一、新环境下贴牌定制产品的招商转型

在很多渠道商的眼里，有自己的品牌才算是自己的产品，因此，很多招商代理制下的产品是贴牌产品。一种是弥补自有文号不足，丰富产品结构，提高综合竞争力；另一种是无工业资源，完全进行产品制加工，使用自己的商标，进行全国总代式的推广招商，部分地区自营销售。众人看来，贴牌就是有足够的实力去买断某产品的全国代理并冠以自己的商标或品牌，贴牌似乎只是个别大企业的行为。还有一个误区就是贴牌是低劣产品的换装，实际上贴牌的门槛也较高。一种是将文号落到工厂，委托代加工；另一种是若干年的产品总代，用自己的商标在自己的渠道内完成推广。

销售的目的是满足需求，而在产品和信息严重过剩的时代，寻找需求反而成了销售的出发点。药品销售流转的三端中，生产企业与渠道都处于竞争白热化的阶段，生产产能严重过剩。渠道商业市场争夺激烈，营销重心不断下移，单纯的价格和促销手段已经不能满足需求。而最终买单的消费者却处于信息弱势端，也就是话语权在其他两端手里。

1. 站在生产角度考虑贴牌定制

（1）梳理文号并进行分类。按照产品类别列出有市场需求的产品，

并充分检验自身的生产能力、生产成本、可持续性。

（2）寻找和诱导渠道商的定制需求。首先对商业渠道进行盘点，一类是医药流通和推广类商业，包括控销品牌企业；另一类是大型零售连锁，最好是配有商业调拨平台的。

（3）制定贴牌定制方案。明确文号资源及可定制规格后，核算生产成本，与市场流通价格对照，如果经济性指标符合，即可确定哪些可供投放市场。方案应该包括产品详细信息、生产方优势、包材及特点、量价挂钩、订单可持续时间、起步量的要求。部分有自营销售队伍的企业还可以提供协调分销，帮助渠道商快速启动前期的市场拓展工作。

2. 站在渠道角度思考贴牌定制

（1）树立企业品牌推广目标，推出品牌形象及商标并完成注册。很多渠道商一直在帮助别人推广或者代理经销，多年来受制于没有自己的品牌，如果现在想做，第一步就是要有品牌目标，注册并着手打造品牌。

（2）在产品管理分类下，确定贴牌目标。在渠道商业多年的销售中，有了强势单品的积累和人员队伍的优势，结合自身情况选择量最大的且最容易入手的品种启动贴牌工作。

（3）确立贴牌产品专职运营团队。管理出效益，没有投入就不会有回报，贴牌定制的产品就是嫡系产品，必须有专人负责。对于商业来说，培养若干单品的优势份额保障自身销售的稳定。对于连锁来说，有了广告品的引流，就需要贴牌品种的毛利有保障，况且是自己的品牌，可以考核门店并进行利益共享。对于控销团队来讲，贴牌产品实现品牌形象的系列化和统一化，同时弥补了单一产品无组合优势的缺陷。

贴牌定制是市场化推进的需要，在社会分工不断细化的前提下，做自己最擅长的事情是发展的需要。竞争倒逼创新，不断诱导和开发需求，满足上游与下游的共同需要。当一个产品在促销端都无法解决的时候，就应该重新回归到产品端。

第一，关联生产。一定要梳理流程，让销售知道生产，让生产知道销售，这样才能一体化。当考核指标没有交集的时候，只能各自为战，很难默契配合，产业链的整体优势难以显示。

第二，关联生产。需要引导生产部建立销售意识，同时让销售部了解生产。我们的客户是医生、药师、代理商，懂药但是不一定懂制药，当你能够熟练知晓并解读药品的生产环节和工艺时，也是一项技能。生产决定了供应稳定，销售反馈市场信息，双方沟通顺畅才能实现信息共享，同行对标共同进步。

第三，合同制定单的关键在生产。随着分工细化，众多代理商提出的个性化生产需求越来越多，这种业务能否顺利接洽几乎就看生产部给出的结果能否满足代理商的需求。挖掘生产部的潜力，开拓多途径的代理销售。一方面，挖掘车间的产能潜力；另一方面，促成销售额提升。定制生产的过程是渠道商与生产密切互动的过程，无形中增强了合作的密度和忠诚度。

第四，产品质量标准是生产部的分工，生产与质量不分家，类似科技进步奖、专利技术、质量标准认定等招标提升层次的工作都需要生产部给予配合完成。未来面临的一致性评价问题、产品追溯和属性回归，品质的重要性已经远远大于供应的重要性。

第五，人员培训和客户体验离不开生产部的支持。生产工艺和质量优势需要在车间实地学习，销售人员定期学习培训是维系团队凝聚力的重要手段。此外，客户参与了解和回访生产车间成了越来越多的企业展示实力的固定模式。让使用者了解制药精工生产过程，掌握他们使用的产品从源头到成品的整个流程，已经成为比较流行的工商合作方式。

生产从幕后向台前靠拢，后台力量强大决定了招商武器的威慑力，甚至会有使用者与生产者的直接对话。所以，做招商，要关联生产，展现后台实力，让商业走进工业，形成真正的融合。

3. 站在品牌的角度思考贴牌定制

对于医药产品来讲，药品以安全有效、经济合理为标准。对于医药企业来讲，打造品牌的前提是产品。有足够的产品力，从原始属性上对得起自己，其次才是商业功能和价值。很多外资企业，尤其是原研产品和传统中药产品，通过长期的积累和临床学术推动，获得了广泛的使用和认知。在临床的影响下，经过多年的安全应用，逐步被大众接受，成为众所周知的“品牌”。

还有一种怪现象，那就是“广告品牌”，靠快速投放广告获得知名度而产生轰炸效应。因为大众对药品的认知度极低，尤其是需要专业人员诊疗和开具处方并进行指导性消费的产品。所以，消费者只能依靠大众媒体。

做临床的人，基本上就是讲商品名和通用名，而对于 OTC 的人来讲，门道儿就有点多了，恰恰是利用了信息不对称，做得不亦乐乎。**在零售市场和基层终端销售中，有一个非常奇怪的现象——定期更换包装**。所谓包装升级、品牌升级，在原有渠道产品中通过外包装的更换进行重新定位和定价，延长产品的渠道生命周期。这种现象非常普遍，尤其是动辄控销品牌、故事文化等。化学药看通用名，中成药看配方，中药饮片看产地和炮制，保健品无人能够区分，姑且只能看几个知名大企业的脸面。

从供需关系看，由缺少到满足、竞争价格战，再到饱和后的品牌之争，耳熟能详的品牌一定是创意的表达、有核心价值，而且能够持续进行营销活动来提升广度和挖掘深度。临床中有深入人心的品牌药，在保有稳定的市场份额，而且临床价值依然被不断开发出来，比如拜阿司匹林。在非处方药市场，患者是依据价格买品牌还是在依据品牌买价格？有意思的是同一通用名下无明显差异的不同企业均通过大众媒体反复传播商品名和商标名，以获得更多大众的认知和购买。零售商为了竞争中有更明显的客流吸引，更是将这些曝光度大的产品作为低价销售而吸引客流的工具。

如果非得对号入座，算不算是品牌药，不妨参考以下几点：

- 你的产品最大和最安全的特点是解决什么问题？（适应症、比较优势）
- 产品定位与市场定位是否明晰（在细分市场是否有明显的差异化，目标客群是否明确）
- 是否在做持续的营销活动？（营销活动不单单是做广告）
- 价值承诺能否兑现？（量力而为）
- 对潜在患者或者客户的教育。（一招打遍天下的时代过去了）
- 消费者认知与信任度。（重复购买率）

医药市场是严肃的，有很多规则，同时也有很多机会。比如流感爆发过程中涌现了不少热门产品，那些持续进行营销活动和品牌教育的企业就会获益匪浅。在药品营销过程中，核心价值一定是安全有效的治疗价值，其次才是商业活动。

二、从标内市场向院外市场扩展

院外市场指的是零售店、诊所等主要销售 OTC 产品的市场化终端；所谓开发处方药的院外市场，指的是不经过集中采购等方式而由自主采购方式决定的渠道，如连锁药店、单体店和诊所、厂矿医务室、民营医院及电商渠道。院外市场相对开放，以安全性高且大众化的普药为主，市场化程度较高，更接近大零售业态的操作方式。因此，院外市场的竞争非常激烈，目前占据主流市场的大型连锁正处于并购期，已经有几家挂牌上市，连锁率过半，逐步取得谈判话语权。广大的基层医疗机构和单店则非常分散、跨度大、开发成本高，尤其是人力成本。

如何开发院外市场?

1. 院外产品筛选

首先看自己的产品是不是双跨产品，尤其是中成药产品，双跨产品可以直接做。有些产品在局部市场丢标或者弃标，考虑做院外来弥补一些损失，支撑销量。也有的是院内做一个规格，院外做一个规格。很多外资企业已经将一些临床推广非常成熟的产品在连锁药店销售。

院外产品选择需要考虑几个方面：

- **成熟产品**：院外与院内最大的区别就是处方销售，因此院外产品更适合大众化产品，院内更适合有成熟稳定地位的通用名产品。

- **独家产品**：独家产品能够保证较高的毛利水平，以满足零售市场因各种飞涨的成本而对高毛利产品的需求。

- **特色产品**：补益类产品、专科产品、慢病保健产品、理疗产品，以及家用器械和中药饮片。

- **定制产品**：很多活跃在院外的渠道商和代理商均希望推广和销售自己的产品，从而寻找定制加工服务企业。虽然工业只提供代加工，但是在渠道商系统录入的却是通用名和生产企业，所以提供定制服务也是不错的方式。

2. 院外销售模式

在商业保险的蠢蠢欲动下，加上大量的个人医保账户剩余资金及舆论呼喊的处方药外流的大势，很多企业纷纷开始向院外开进。但是，此时的院外市场已经饱和。姑且不说常用产品被外企品牌占据，一线广告产品铺天盖地，加上连锁自营贴牌产品及总代首推产品，空中资源已经悉数用尽。剩下的就是地面推动，地推必然需要团队推广和维护，要么开辟新门类，要么干掉竞争对手，获得生产空间。

一种转换是由院内转院外，优势就是学术力量、专业素质高，这类适合做会销推广式和培训教育式；另一种是招商转自营，优势是造势能力强和利益渲染到位，这类适合做地面促销活动。也有产品转包给有推广团队的人，所谓的定向招商只做院外纯销市场。

鉴于自身资源情况，对院外市场布局中选用最贴合自己的操作方式。目前，人力成本非常高，如果自建队伍，首先需要考虑能够支撑团队运营的产品组合和盈利模式，进行样板市场试验，继而全面推广。

3. 院外市场渠道分析

（1）DTP 药房，专业承接院内处方药的渠道。

DTP 是 Direct to Patient 的缩写，是指零售药店直接将创新特药销售给患者。目前主要是新特药、专业药物、自费药等，比如常见的格列卫、赫赛汀等。DTP 的品类与传统零售药店的主要区别就是一个以处方药为核心，一个以非处方药重点。国家发改委发布的《关于促进医药产业健康发展的指导意见重点工作部门分工方案》，明确提出“禁止医疗机构限制处方外流”，并且要求医疗机构应当按照药品通用名开具处方，并主动向患者提供处方，保障患者的购药选择权。理论上，承接新特药处方外流的主要是院外渠道的 DTP 药房，因此，这个概念几年前就很火，并且得到热捧。对于 DTP 来讲，主要突显专业性的特点，品类较少，但是单价很高、客流量少，主要依靠工业支持和医院的处方分流，供应、学术支持、价格、患者等均由生产企业控制，药店自主性低。DTP 药房有如下特点：

①位置优越。药店位置应该位于大型三甲医院附近，靠近处方源头。越接近处方发源地，越能获得更多的销售机会。

②供应链管理。需要具备冷链管理条件，有标准医用冷柜储存及冷链包配送，从药品接收入库存放到对患者发送，或者上门配送均需闭环冷链管理。

③药事服务。执业药师责任重大，对接制药企业的产品来源，与处方医生对标，负责处方来源审查及药品流向的跟踪。由于新特药的特点，执业药师需要对此负责。

④服务专业性高，以服务为中心而非销售，主要对患者的治疗方案进行全程服务。目前国内陆续有多家企业涉足 DTP 药房，均为资源实

力雄厚的大型企业，如表 5－1 所示。

表 5－1　涉足 DTP 药房的企业

涉足 DTP 药房的企业	备注	涉足 DTP 药房的企业	备注
仁和药业（京卫大药房）	新特药	柳州医药（柳州桂中）	新特药
康德乐（百济新特）	上药收购康德乐	南京医药（南京医药）	新特药
华润（医保全新）	新特药	德开医药	慢病用药
国药（国大药房）		健客	肿瘤药
上药（上海众协）		老百姓、一心堂	新特药

总之，DTP 类似于一票制下的医院药房，但是当前热议的 DTP 是因为院内不畅而选择的一条迂回路线。如果院内可以做，为何还要进 DTP 药房？很多产品在医院眼里是香饽饽，绝对不会导入其他渠道。部分产品因为价格问题不进保、不投标，转而通过 DTP 药房销售，属于常见情况。就市场来讲，助推的还有医保支付政策和商业保险因素，促使大家看好院外市场。此外，医院弱化药品收入、强化其他方面收入的各种指标也使众多人认为处方外流是大势所趋，院外迎来爆发式增长。

从目前的条件看，虽说寄希望于处方外流不太现实，但是要未雨绸缪，拓展单一渠道。在院外市场布局上，如果工业企业主要从事创新药和慢病用药的销售，那么 DTP 药房的方式非常适合承接这类纯院内销售的产品转移。尤其是专业慢病药物，肿瘤、肝病药物、免疫系统药物及三高类药物等，此类产品渠道拓展围绕两个基本点：一是医生（处方权）；二是患者（购药权）。

（2）零售渠道，以 OTC 产品为主的销售渠道。

零售市场是区别于临床市场的主要渠道，经常做标内与标外的区分，也泛指按照 OTC 模式操作的渠道。传统零售市场区别于 DTP 药房，组成主体就是正在不断扩张和上市的连锁药店及分布散乱的单体店，也包括诊所、单店及一些民营医疗机构。

连锁药店：连锁药店的操作与临床有类似的地方，连锁药店进新品、交资料、上会审核也需要一定周期，而且连锁上柜费、滞销退货费、结算方式和账期，以及培训费和赞助费非常繁杂，需要专人维护。此外，店员动销激励、各种漫天飞舞的红包群，也是目前药房销售比较流行的维护方式。

民营医疗机构：在我国发展得并不理想，虽然民营机构床位数逐年飞增，但是与公立医院相比，就诊率和住院率有天壤之别。民营医院主要以专科见长，民营医院目前的采购准入很多是集中采购，主要参考指标为知名企业和毛利空间，也进行联合体议价。所以，丢标产品开发民营医院是不二之选。

诊所与单店：我国的诊所有 80 多万家，非常分散、单产低、总量庞大，一直处于自然配送或者第三终端常规覆盖的状态。随着一二终端几轮血拼下，很多人都开始耕耘第三终端，尤其是诊所，甚至有很多企业单独成立了诊所队伍。因为诊所门槛低，进入容易，而诊所之间有天然的纽带和联系，容易串联带动。所以，早期以诊所为开发目标的企业已经建立比较庞大的诊所客群。

4. 院外销售的策略

销售的策略要素依然是围绕产品、价格、渠道、动销、传播等，院外缺乏处方引流的直接干预，选择余地大，经常有犹豫和纠结行为。

产品策略基本点就是先选一个目标竞品，去拦截或者替换它，或者找到一个关联品，跟它关联组合。然后就是简单明了的卖点推送，通俗易懂的表达传递。此外，营造氛围、带动流量，还需要黄金单品，做强做大黄金单品是进行院外销售的重要环节。

价格策略有三个维度：一是与同品和竞品的经济性对照；二是目标区域消费能力问题；三是价格稳定性与费用空间问题。

渠道选择也很重要，目前的院外市场分水岭已经明晰了，而且在一些地方商业内部也出现了不同的分工。民营医疗机构、大连锁、诊所单店等都有分工，不同产品或者不同规格选择不同的渠道进行销售。

动销方式比较灵活，有配送商 + 动销队伍式的，由代理商垫资拿货并完成配送、回款，由企业动销队伍进行拉动和促销；也有企业直营商务与终端一体，只是选择合作商业完成配送；还有直接嫁接代理商运作，纯招商式（底价大包），由代理商完成销售。

传播主要是信息传递和品牌营造，对于零售体系来讲，知名度和关注度异常重要。按照常规套路来讲，首先是渲染和传递信息，找到一个点来引爆，可以是线上也可以是线下。在完成前期谈判和铺垫之后，快速造势、发送信息营造氛围，然后进行认知的对接和沟通，再做促销。可以阶段性开展，选择不同的节点和主题。

院外市场看似像一块未深耕的土地，实际上在强大的市场压力下，已经有几批人马在此种过庄稼，只是还没有形成较大体量的大产品而已。在各地经济和用药习惯差异，以及不同运作方式的作用下，院外市场短期内还会存在较大的开发差异。接下来我们会用更加详细的方式，逐一解读院外市场中各渠道的开发攻略。

三、新环境下小规模渠道商的转型

在药品流通渠道改革过程中，一部分没有实际业务的纯过票商业被淘汰，还有一部分在GSP检查中被迫关门。国字号和地方龙头商业公司不断收购和扩张，很多地市商业都开始犹豫，是主动投靠卖个好价钱，还是顶着袭扰继续走自己的路。

这些地区小商业公司就是小商批，覆盖范围只是所在的地级市，业务规模不大，主要业务收入结构为一部分县级医院的配送，一部分零售药店的业务，还有一些乡镇医院和个体诊所的配货。当然，很大一部分商业之间的调拨有两种：一是与大商业调货后，用普药抵款，因为这些公司会从其他地方找到低价货源（所谓窜货）；二是签约一些厂家独家产品的一级商，实现工业的预付款，然后将这些产品调拨到更大范围。当然，这些商业还有一部分功能就是过票。小商业转身做纯销，需要完成如下动作：

1. 业务模式转化

（1）放弃流通调拨业务，让业务人员走出去。

普药调拨的主要业务是电话和线上沟通，主要是低价货源的获取，与流通商业进行换货沟通。普药调拨的特点是流量大，但是利润低。调拨人员一般是采购兼销售，熟悉工业与商业网络，因业务需要，长期做办公室工作。放弃调拨流通，就需要这些人走出去，着手终端工作。

（2）稳定县乡医院配送。

做医院配送相对简单、省心，虽然回款难度较大，但是业务稳定、有保障。很多个体代理商在过票行情水涨以后，因利润问题，有的医院业务就放弃了，这个时候正好做承接工作，还可以扩大业务量。此外，在新旧标交替过程中一定做好当地医院工作，争取多做几个产品。毕竟，医院配送还是核心业务。

（3）签约区域独家代理，列出主推产品。

小商业的特点是缺产品，缺黄金产品、特色产品，这些产品有临床带动和基础量的基本都被大商业和代理商掌控，只能挖掘一些没有完成推广的起步产品。选择地区终端有用量潜力的产品，特殊品规、特色疗法等，特点是使用潜力和高毛利、市场保护。

（4）以会销和终端扫街切入，培养大终端。

终端推广的首选方式就是会销，终端非常分散，会议集中的方式效果明显，而且可以发挥从众心理。折扣、买赠、签约加盟等方式的促销带动，实现业务切入。扫街就是信息获取和维护的过程，终端是人的战斗，有人维护就能维系业务。以发掘和培养大终端为主，成为未来业务的核心点。

（5）吸纳自由人，黄金单品，进军连锁渠道。

地方性连锁跟当地商业有着千丝万缕的联系，因为经常有业务往来和产品竞争。唯一的难题就是回款太慢，所以很多商业不愿意大规模做连锁，只是旗下挂单的自由人在走票进连锁。三个核心点：一是毛利；二是维价；三是动销。这几点都是自由人的特长，所以开门吸纳自由人做连锁还是可取的。

（6）维系工业关系。

商业公司常说的一句话——希望厂家多多支持。支持，不仅是价格、供货稳定，还有促销服务、培训支持等。工业大多数是招商，招商不稳定的原因就是没有终端，所以终端是短板，是工业继续补齐的。维系工业关系就是帮助工业补齐短板，最大限度获取工业的帮扶。

小商批转身，不仅要放弃当下的蝇头小利，还要解放和调动人员把精力投入终端，而今的下游争夺，已经不是产品价格，而是终端和队伍。调拨和流通是大商业擅长的，而且有资源优势，小商业还是老老实实做推广比较合适，否则难有一席之地。

2. 基层县级市场开发

当市场竞争到一定程度的时候，必然需要进行细分和切割，县域市场一直有人在耕耘，也有众多高人和企业在布局。自一心堂大举并购县区连锁后，县域连锁作为独立的概念广泛传播。地市级市场精耕细作了多年，大家血拼之下已无完肤，城乡接合部和县级市场又成为沃土，迎来大批淘金客。

县级基层市场的特点：

● 县级市场经济上落后于地市，消费能力偏低。因此，大批普药企业会直接放低身段拥抱基层。如果在一二级市场受阻、丢标，如果在一级商那里没有任何话语权，那么这些企业势必会将定位下移到县域市场。如果产品的生命周期已经走过前半段，那么它的后半段必然要进入县域市场扎根繁荣。

● 县级市场准入门槛较低。县级市场包容性很强，接纳的起点比较低，只要你能够满足其基础需求，试用总是可以的。但是上量很难，毕竟容量有限。一般县域市场关注廉价产品，订货促销很有效果。

• 县域市场监管较为人性化。一个相对小的圈子，相对宽松，因此会适当鼓励各种各样的操作模式出现。自由的环境必然会允许高手们自由发挥，很多在地市无法实现的方式在县区有操作空间。

• 县域市场品牌忠诚度高。信息的闭塞程度决定了一个人的使用忠诚度，这个品牌会是广告品牌，广告在县域市场的杀伤力很大，因为大家很相信媒体。对于销售个体来说，熟人之间的长期推荐就是品牌、认知。因此，县域市场诱导客户持续进行教育和推荐，你的产品就是品牌，而且忠诚度很高。

• 县域市场运作成本低。不需要太多的直属团队下移，只需要当地招募即可，甚至合作也可以，待遇需求不高，费用花费也不高。当然，部分地方依旧可以沿袭传统的过票手法。

既然县域市场如此轻松，为何而今才瞩目，难道之前是顾不上开发吗？最大的问题是县级市场产出不高，除了个别人口基数庞大的地区，如河南商丘、周口这样的特殊地区，县域市场还要看产品、操作模式、队伍。一套完整的开发方式，众多问题会提出来。分级诊疗的红利能否获取，你的产品是否可以借势？能否为县域连锁提供店面环境改善、门店管理服务、品牌宣传等服务，关键是如何衡量投入产出比？能否在县级市场找到适合你的团队成员？能否持续培养你的县级客户群，毕竟县级市场产出较少，且属于长线客户。

第六章
如何做好开发策略

对于代理商而言，处于价值转运的中介环节，一方面是信息收纳和处理能力；另一方面，是产品流的传递能力和变现能力。因此，代理商首先要有产品，上游供应商资源一定要充足，获取最新的产品信息并有议价能力。此外，就是分销能力、维价能力，包括地方资源的储备和下游客户的掌控能力。

由于代理商的特殊位置，同时迫于提高稳定性和可控感，很多代理商急于向上下游同时下手。有实力的代理商开始收购工业或者获取文号资源，拿到第一手的工业掌控权，可以保障产品的稳定供应和成本控制优势，同时打通产业链便于资源调剂，从而获得最大的竞争优势。此外，大量的代理商还是基于商业主业的覆盖和终端掌控能力的提高，因此，提升自我终端自营的能力是大部分代理商的主攻业务。

客户开发，包括上游也包括下游，是动态过程，除去稳定现有资源，还要不断推陈出新、不断更迭。对于客户开发来讲，最重要的权衡点就是开发成本与未来收益的大小。上游客户开发，是代理商对外业务的核心之一，关系到生存之本和产品资源的巩固，下游客户的开发则是代理商内部管理和运营的核心。因此，代理商核心层围绕采购、销售与财务三个模块。

一、上下游客户的维护方式

1. 上游客户的维护

产品是代理商生存的土壤和基础，也是营销过程的核心部门。代理商获取产品的方式有很多种：一是采购维护；二是新品引进。采购维护基于传统销售的正常进销存管理，新品引进则是按照中标和拟围标资源，或者产品线补充等现实需求进行的产品补缺。或许供应商的产品机会，需要展示代理商的操作实力和工业客情维护能力。因此，摸清工业需求点至关重要。

第一，趋量型需求主导。新标期意图快速增量的工业，对协议量的要求非常迫切。这个时候需要以快速招商分销的方式扩大覆盖率。此外，可以考虑适度压货。以量获取价格优势，同时降低独家代理的门槛，以获取资源为主。

第二，趋利型需求主导。部分工业主导是自营队伍操作，部分乏力地区做招商，该类企业只是在空白区域做布局和覆盖，以稳定和盈利为主。因此，此类工业对利润考核较为严格，产品流通控制较强，需要代理商展示较强的终端开发和维护能力。

第三，合作融合型工业。很多创新产品企业有强大的核心产品和后备产品资源，属于典型的产品主导型企业，无销售系统布局或者销售资源较弱。此类企业视产品为生命，需要稳定的产品销售和管理体系。在合作选择上，希望与商业推广体系能够互相融合、共同推进，或者说是第三方推广体系（CSO）运作方式。

第四，转型改制类工业。很多企业只有个别人员进行粗放招商，或者有部分产品放底价大包，本身无控制能力，也无销售体系，也接纳定制加工或者文号外包等业务，仅仅是提供工业生产线产能。此类企业如果评估后价值尚可，代理商可以考虑进行工业托管或者收购，花费较低的成本或工业资源。当前，也有商业以协议买断代理期限的方式，投资外包产品做一致性评价。

2. 下游客户开发方式

下游客户包括分销商与终端客户，是销售部的工作核心。销售部承接销售指标后，分解为销售额与利润额。按照产品分类的方式进行初步划分，一是按照销售指标进行的任务分解；二是按照利润率划分的不同种类的产品，并纳入业绩考核序列。

（1）分销商开发。

所谓分销商，就是在划定区域内利用自身的渠道资源帮助代理商完成产品分配销售和传送，并获取推广利润和配送费用。二级分销商业的开发首先是进行商业筛选，比如主要做二级医院配送的也有主营基层终端配送的，也有地县级连锁公司。首先是针对产品特性的渠道匹配度进行客户筛分，按照覆盖和存量的能力进行对应谈判，从而获取有价值的客户资源。分销商的开发谈判需要关注协议量及协议进度的要求、终端覆盖率的考核、价格体系的稳定，以及窜货规则、结算方式、协议返利、开票员激励等。

（2）直营终端开发。

终端开发分为三种业态：医院、连锁与门诊。直营终端的规模往往是一个代理商推广能力的最重要表现。新标产品进院资料报送及进度跟进是应该由销售主管主要负责的事情，代表跟进维护则是日常标准动作的必备项目。新标执标前三个月是进院替代竞品的黄金时间，因此在目录公示后的第一时间迅速安排医院开发，考核导向上给予医院开发专项奖励。连锁进店同样需要过会通过，但是在会前需要充分了解连锁品类增减规则、毛利要求等。同时，与核心门店的店长做好产品沟通，以便快速铺货上柜，新品造势需要前期布置和营造。门诊作为分散更广及数量更多的基层用药单元，是近几年来大家关注的重点，在竞争白热化，以及产品过剩、信息泛滥等的影响下，药品的销售已然下沉到最底层。门诊的开发重点是产品适应症的教育深化、使用指导、利益宣导和压货促销。

（3）客户管理。

第一，供应商管理。上游供应商的管理是基于大量的信息源处理与供应客户的有序管理和资源长序配置。按照销售规模贡献与利润贡献为主要指标，对产品进行分类、客户档案备案，供应商管理的核心就是进销存，简单来说就是保障供应、销售稳定、库存合理、结算灵活。考虑到风险因素，应该进行供应商储备，平衡产品份额比重，控制断货或代理权风险。

第二，分销商管理。分销商管理核心内容是协议指标完成进度与返利费用兑付的考核。此外，做好追踪产品的流向、动销情况及库存状况和预期销售情况的进度表，包括人员变动及影响情况等内容，信息要全面、定期汇总，对问题经销商及时沟通或者淘汰。

第三，终端管理。直营终端需要不断完善客户档案，业务员记录客户的各类情况和月度采购额、产品动态变化情况，关注竞争公司在该客户中的份额变化情况，同时统计终端主推产品的动态销售情况。

终端是用药单元，也是药品营销的落脚点，因此，得终端者得天下。传统上的一二三终端的格局梯次分布不会改变，城市等级医院占据药品的绝对主导地位。随着分级诊疗推动，基层医疗机构会逐步带来利好消息，但是支付能力依旧受限。而零售体系中的连锁药店将会持续深入，大连锁（上市企业）扩张脚步不会停顿，而地方性的二线梯队中的中型连锁也不断拓展生存空间，小型连锁抱团联盟依然存在，基层单店和诊所将越来越重要。

很多公立医院的皮肤科延伸出医美项目，心理咨询等项目也都在开展，医学分支细化加速。在二三级终端市场，不断涌现出妇儿专科、骨科、慢病管理等细分后的专属项目。很多企业在推广产品时，通过疗法为载体，也有的企业提出病程营销等理念。细分模块的出现，意味着终端竞争加速，消费群特征归类后，重新定位切割，寻找生存机会。因此，终端市场的升级顺理成章。在渠道扁平之后，工业与终端的对话增加，终端作为供应与消费的衔接点，将是一切资源投放的发力点。

二、医院终端开发策略

1. 医药终端概况及发展趋势

（1）城市等级医院外资产品领军，内资产品不断放大，辅助用药逐步边缘化。

据医院药品市场数据显示，我国医院药品规模约为8000亿元，其中，三级医院占据67%、二级医院占29%、一级医院占4%。外资产品在三级医院中占比35%，二级医院占比27%。而在样本医院的前十强企业中，外资产品依旧占据绝大多数。外资产品凭借原研优势和强大的学术推动领军医院市场，本土产品尤其是仿制药在近几年势头很猛，占据医院市场的主要份额。而在前几年受益于招投标，独家全科的辅助用药逐步被医保支付排除，因药占比与处方点评等医院制度的影响，辅助用药将逐步边缘化。

（2）零售连锁规模不断扩大，连锁率不断提升，药品零售市场将形成两大力量。

虽然国内零售市场的药品规模仅有20%，但是在临床收紧之后，大家对市场化丰富的零售业期待美好，零售市场的份额除去消费升级带动外，就是对“处方外流”的期待。如果按照国家要求30%的药占比推算，依旧有千亿以上的空间从临床释放到零售。数据显示，零售药店总数45万家，连锁率逼近50%，单店已经失去发展空间，因此，不少单店会被纳入连锁旗下，或者关门。虽然第一梯队的前二十名的百强连锁巨头疯狂并购扩张，绝大部分都有上市资本参与，但是现有格局中的中型和小型连锁数量庞大，而且基本上都能够割据一方。大型连锁基本成为广告产品与贴牌产品集散地，而中小型连锁则更多地参与和承担工业的区域代理。所以，两大阵营将对比明显。

（3）民营医院与基层诊所持续发力。

分级诊疗政策的引导，使得基层医院焕发活力，城市公立医院客流爆满的同时，医患关系紧张，能够带动患者流的主要是诊疗设备的硬件水平和名医，三级医院同时齐备这两者，但是资源分布不均衡，导致“排队三小时，看病两分钟”，患者体验极差。民营医院恰恰在名医导流的策略上做得非常到位，患者体验效果好，缺点是费用高。随着消费升级和医保支付问题的解决，民营医院的地位在快速上升。

诊所，是最基础的诊疗单元，零散而又弱小，虽然国内近百万家之多，但是市场份额很小，长期以来被大众忽视。随着一二级终端市场的变局，竞争加剧，很多人已经投身做诊所，倒逼资源下沉。因此，诊所群的升级与发展指日可待。

2. 医院开发策略

医药产品是针对标内产品的，实际上，在标前就已经开始研究医院的使用情况了。因为正常意义上的所谓新药推广难度非常大，大部分都是仿制药的品牌替代，医院开发前的工作主要是信息了解。同通用名的产品或者适应症一致的产品使用量如何？集中在哪几个科室？目前哪些医生习惯处方该类产品？处方依据是什么？

（1）医院准入销售的流程。

医药的药品进院主要是药事会、临采和特批，绝大部分都是药事会通过，其流程基本是：临床科室或者主体提单——药剂科签字及主管副院长审核——提交到药事会讨论——药事会成员讨论投票——医院公示——药剂科下采购订单。关键环节就是临床提单和药剂科签字，药事会大部分情况就是工作之后的流程而已，功课提前做，关键环节及时沟通。

临采流程：临床主任提单——药剂科签字，需要权威性比较强的科室主任提出临采申请，由药剂科审核后做临时采购计划，科室主任可以申请采购一定数量的药品备用，可以为某特殊患者提供临时采购。此外，特批非常少见，仅限于特殊情况。

（2）医院临床处方量带动需要代表推广。

医院的开发仅仅完成勾标提单，进院还远远不够，真正的开发是使用上量，这就是医药代表的日常工作。代表首先需要熟悉药品的主要成分与适应症、中标规格及价格、医保情况及产品的主要特点。其次，了解该医院的竞品和同类产品的规格、使用情况、与医院的合作关系如何。主要途径：药剂科人员、库管、商业配送人员、商业公司采购、医院护士等。此外，需要进行相关使用科室的拜访，拜访科室主任，客观描述产品的特点，并将临床主任的肯定意见及时向药剂科反馈，以增加信赖度。代表及医学经理通过科室会与学术赞助的方式促进产品使用。科室会代表日常工作的一部分，是传播产品学术信息的最有效方式之一，最好获得科室主任的肯定和推荐。有 KOL 的认同是科室增量的基础，也是日常学术活动的有效前提。在公司允许的范围内，为临床医生提供参加学术会议活动的赞助是常见的支持方式之一，以期提升对医生，尤其是专家学者的影响。如表 6 - 1 所示。

表 6-1 医院开发策略

对外	对内
1. 销售增长机会分析（按照历史与当前潜力） 2. 科室覆盖与重点医生 3. 产品差异化优势传播与学术活动计划 4. 注意竞品动态 5. 拜访计划与拜访频率（品牌提示物与资料）	1. 熟练掌握产品知识、相关疾病知识和临床背景知识，与目标客户做专业的学术沟通 2. 练习演讲技巧，独立组织小型学术会议 3. 掌握科内会的主题和学术演讲资料 4. 认真学习理解公司提供的 Q&A 资料，及时与目标医生沟通 5. 将目标医生的问题及时反馈给公司，并追踪答复

三、连锁药店开发与维护

连锁药店是药品零售的主要力量，连锁药店占比已经超过单店。随着零售业态中连锁率的快速提高，药店并购与洗牌加速，连锁药店成为OTC市场的代表。从1996年全国第一家连锁药店“采芝林”在广东揭牌，经历二十余年的发展，不但涌现出多家上市公司，而且百强连锁药店销售额占比接近40%，行业集中度明显。但是，连锁药店在医药新政促动下，正在发生改变。首先，新医改的各种政策出台都在影响着医药行业的发展，对连锁药店来讲有很多不确定性。比如医药分家一直在倡导，但是至今没有明确方案。“处方外流”声势很大，但是迟迟没有看到增量，随着医院零差率和医保支付价格的限定，对于传统零售药店的影响日益明显。以往的零售药店依靠促销和活动实现价格竞争，同时主推高毛利产品，抬高客单价，形成品牌药品亏着卖、贴牌高毛利产品推着卖，而普通产品无人卖的局面。连锁药店的操作维护需要重点分析以下关键节点：

（1）采购。

采购部是一个对外窗口，一切信息汇聚源头均在采购部，采购部是连锁公司中最有价值的部门。所以，采购人员也是公司的重点监管对象，因此采购人员首先需要安全性需求。一是按照公司惯例和现行数据进行分析判断；二是及时向主管采购经理汇报情况。一般情况，一家连锁药店的采购信息判断的基础是消费者数据与品类数据分析，包括例行的品类数据分析，常见病种的品类分析，以及品类组合策略分析，缺货品项的引进，零毛利、负毛利品项调整，以及周、月、季的同比、环比趋势图分析。所以，要想把握连锁需求和降低采购谈判难度，一定要关注连锁产品情况，主要是竞品情况，从而寻找产品开发的机会。

（2）店长（核心店员）。

店长是一线核心产品销售人员，承接一个药店的日常运营基础工作，包括销售业绩、人员管理、店面布置、促销管理、顾客管理、盘点、报货、缺货调剂等。店长是需要药品终端代表维护的最重要人员之一。一方面，增强产品在店内的销售稳定性；另一方面，提升产品在连锁内部的口碑。店长的拜访除了日常交流外，一定要关注产品动销情况、顾客意见反馈、店员推荐反馈等信息，进而做出改进。连锁维护上量需要找到主动推荐你的产品的相应店员，通过店员的激励、维护实现销售上量。维护方式主要有：产品关注、帮助成交、奖励带动、情感关怀。

（3）商品部（市场部）。

连锁药店商品部是品类分析数据研究者，也是连锁决策层做出关键抉择时的重要参考部门。商品部负责连锁内部产品动销活动的组织和督导执行，同时也是连锁店员技能培训及团建的负责部门。所以，与商品部接触并保持长期沟通至关重要。商品部需求点多为行业信息交流、外部产品信息提供参考、产品上下游波动情况交流。通过沟通改变和诱导其思维方式，从而影响其参考决策建议。

（4）老板。

连锁药店老板的思路和文化水平决定了连锁药店发展的方式，因此，对老板的研究至关重要，也是发掘机会的重要手段。在连锁企业家所关注的问题里，最主要的有资金问题、医保问题、利润问题、员工关系问题，以及自营和总代产品的销售问题。

对于新产品进入，需要符合新品引进，淘汰一个，进入一个。或者有极强的客情关系，直接进入；或者是临床产品，有处方带动客流；或者有广告媒体带动，便于铺货后的快速盈利。

常规情况下，开发连锁药店的流程如图 6－1 所示。

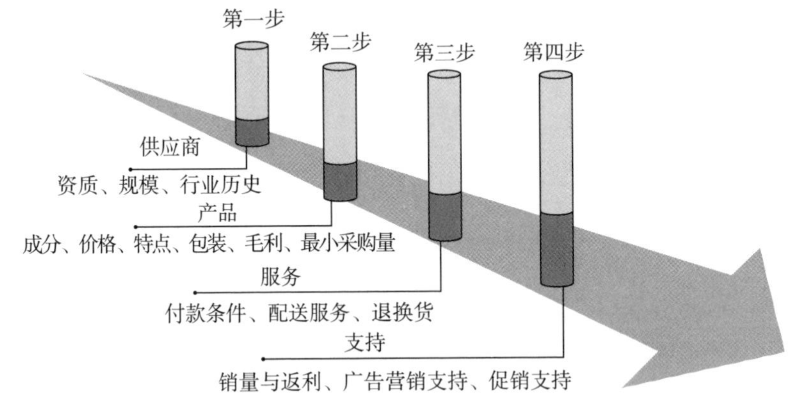

图 6－1　开发连锁药店的流程

第一步，转店了解信息。开发连锁药店前一定先转主要门店，看同类产品的陈列情况、价格水平、销售情况。

第二步，拜访采购。首次拜访先就工业优势、毛利率、差异性特点等做简单的信息沟通，获知采购态度，并了解竞品情况、收集信息。第二次拜访，就要放大竞品的弱项，沟通是否有计划替换产品。第三次拜访，带齐资料并了解过会情况，做好准备，谈供应价、零售价、进店费、培训费、活动赞助等。客情比较好的情况下，省去前面环节，直接谈扣率和费用。

第三步，铺货率跟进。首批货到位后，即可跟进门店铺货时间进度和铺货率的问题，跟采购逐项落实。同时，走访重点门店、跟店长打招呼、沟通产品情况、及时提交下单报货计划，尤其是加盟店的执行情况，了解连锁总部下达的指令是否与沟通情况一致。此外，联系配送人员，跟进配送进度。

第四步，促销活动与产品教育。销售需要氛围，尤其是新产品进入后，首先要吸引门店的关注。因此，铺货的同时应该开展促销活动，包括产品培训、POP 宣传组合工具等，带动门店积极性，教给店员用最简单的差异化卖点，完成产品推荐。

第五步，拜访门店，寻找“枪手店员”。“枪手店员”就是主动推荐你的产品的人，可以做陌生拜访，按照购药流程进行，探寻是否推荐，寻找原因，及时完善。保持对“枪手店员”的客情维护，而且可以塑造典型案例，整理成功推荐的技巧和方法，用于帮助其他店员完成推荐。

四、基层终端开发

医药消费的主要市场是城市公立医院，等级医院的消费比例能够达到60%以上，药店零售市场能够占据约20%的份额。一般情况下，县级及县级以下市场被称为基层市场。随着近几年医药物流商业的整合洗牌，大型国有医药商业逐步控制了大型等级医院的配送量。而地域广泛且为数众多的基层医疗机构和零售终端，主要依靠地区性的小型商业公司进行配送和开发，当然也包括大量的立足基层医药市场的医药自由人群体。基层市场特点主要是分布散乱、产出率低、配送成本高。

基层市场开发最核心的两步：一是让药品进入终端并完成结算；二是让终端推广使用，在基层医疗市场，更需要专业推广队伍进行药物使用的医生教育工作。从基层市场开发看，主体应该分两大类：一是社区服务中心和乡镇卫生院的开发；二是个体诊所和药店开发。

（1）社区卫生服务中心和乡镇卫生院。

执行基药配送，基层医疗机构的职能就是诊断和治疗常见病、多发病、慢性病等。从适应症对应的常用品类看，集中在大输液、抗生素、激素、消化系统用药、解热镇痛类、风湿骨病等。基层医院的重点开发产品是等级医院的普药产品，或者被替代产品可能成为基层医院的主流产品，主要考虑性价比的问题。从用药习惯看，受等级医院临床用药的影响较大，有医院明确要求限制处方。基层医院受政策影响带来患者流量的同时，需要考虑创收的问题，因此导入备案采购品类和自费项目是一个机会。

（2）个体诊所和药店主要是按照 OTC 模式操作。

根据诊所老板的需求来匹配产品、价格与促销系统，重点考虑如下方面：

- 从药品原始属性思考，由于涉及众多针剂的使用，安全是第一要素。所以，安全性是首要考虑因素，口服产品和外用产品可以一定程度上减小使用风险，口服产品在诊所的销售门槛较低。

- 从消费及地域差异思考，诊所遍布各个角落，覆盖人员中的消费水平千差万别，偏远地区只能使用常用药和廉价药，而城市高端私人诊所的用药水平不亚于三级医院。在人口固定的社区和村镇，诊所对片区患者了如指掌，慢病消费稳定有量。而在流动人口密集的工矿园区及城中村，诊所的特殊患者络绎不绝。

- 诊所从业者与临床医生不同，因其机构复杂，思维方式大相径庭；零售店老板也不同，不仅仅是商人思维的逐利，更有医者仁心之本职。所以，诊所促销系统更需要多元化的方案进行对号入座。

- 诊所开发策略。诊所开发需要三大要素的有机结合，销售队伍、产品、配套服务。

➢ 销售的关键在于人，诊所销售队伍打造是成功的关键，所以，运作诊所业务需要在销售队伍上下功夫。

➢ 诊所终端对专业性要求不高，但是需要熟练掌握你的产品最大的卖点并熟练对照竞品最大的弱点。诊所的个异化明显，熟悉客户的需求，用临床代表的培训方式来训练诊所代表，准确判断客户需求进行维护。

➢ 除了产品，产品销售政策、技术支持、终端活动、促销物料等都是配套工具，工具的重要性甚至比产品还重要，训练代表善于使用工具才是业务增长的有效手段。

• 配套服务对号进行。这是讲服务的时代，而且是服务体现附加值的时代，服务就是除了产品以外能够为客户带来满足感的行为，而诊所的配套服务更需要多元化。

➢ 线上传播需要跟上：众所周知，手机功能强大，诊所医生也少不了手机党，线上传播平台的使用会快速有效达成目标。比如基层医师公社等靶向性非常强的传播平台。

➢ 促销系统成方案：方案，即拿来就执行。针对诊所的促销方案需形成方案库，在利润匹配的基础上由业务员进行单选和多选。（买赠活动、铺货方案、诊疗仪器租用、特色疗法学习班、旅游活动、拓展训练、儿童学习及户外营、驻村促销日）

➢ 上下联线互动：基层医生最渴望什么？一是能够获得医疗技术的提高和帮组；二是获得商人一样的获利能力。因此，启动上下联动的服务互动至关重要，客户的忠诚度源于你能够为他提供持续的动力，信赖的创建方式就是互动。

因此，在进行大规模诊所客户开发的时候一定要做足功课。用优势资源或者创造优势资源去匹配诊所的需求。如表 6 – 2 所示。

表 6 – 2　大规模诊所客户开发

类型	适用品类	特点	突破点
厂矿医务室、城中村诊所	抗生素、解热镇痛类，胃肠用药、外用药、皮肤用药、季节性药品	流动人口多，对价格敏感度低，购买力较高	突破厂室采购，单品量大，季节性药品领用及发放

续表

类型	适用品类	特点	突破点
乡村诊室	常规品类配置，需求较齐全，适当考虑儿童药与慢病药物	客情稳定，忠诚度高，长期服用的慢病药物与儿科用药需求量大，购买力较低	绿色疗法推广及免费检查与筛查，促进销售
高端门诊	主要价值体现在服务方面，药品匹配多以特色药物为主	锁定部分群体，忠诚度较高，需要有特色产品接入	独家高毛利产品谈判，进行学术攻关
专科特色诊所	对应的品类药物，比如儿科、男科、妇科等专科药物。此外，联合使用其他产品	主攻专科，购买力强，专科产品可签约项目制	化药专科及中成药独家产品合作

第七章
如何提升业绩

一、代理商的核心价值

从上游和下游的局外人角度看待代理商，代理商的核心竞争力主要有产品资源的占有能力、渠道掌握能力和资金周转能力，还有客情公关能力和营销整合能力。

1. 代理商的生存技能是运营能力

代理商作为中间夹层，在日益透明化的市场环境中赢得生存空间极为不易。那么代理商靠什么生存，长期持续的存在价值在哪里？代理商的运营水平决定了生存期寿命。代理商运营能力是综合的，简单归纳一下运营能力的体现，那就是让上下游客户变得越来越懒、越来越依赖代理商，也就是持续增强客户黏性。这就决定了除了产品外，还有服务，服务就是取代上下游客户的一些功能，让其职能变为代理商所有。

2. 代理商要影响三类群体

营销是在做品牌，这是一个动态传播的过程，传播中影响和诱导消费决策，因此医药营销的终极目的不是一级一级的销售指标，而是植入品牌信任并更新。医药产品本身的传播和影响对象就是医生、渠道商、消费者，所有的路径都是为了与这三者对话，完成信息传递，最终实现价值转移。医生和渠道商的努力结果，最终还是消费者的认可。

（1）影响医生。

临床销售的重点内容就是进院和维护，维护就是长期的过程，维护的目的是改变或者持续处方习惯，医生在医学院学习时就已经形成思维惯性。因此，洞悉医生的思考方法，在选择节点上思考方法，天天把心思花在费用上，也不是长久之计。很多代表都做了医生的细分工作，通过性格、环境、受教育情况、工作习惯等方面贴标签，以此来判断需求的着眼点。院内市场有外企深度耕耘，也有内企关系渗透、争夺激烈。

拥有专家资源、医生资源，就是做临床的财富，资源配置和使用的程度决定代表水平的高低。笔者曾经论述过医药代表的转型之路，其中可以做专家技术推广，帮助专家放大成果，获得增值。现在分级诊疗与医生多点执业成了热点话题，甚至出现了很多医生集团、医生经纪人，这就是瞄准了未来大批中青年骨干医生的出路。医生资源、医疗设备资源、患者资源需要共享，共享才能实现有效置，改变垄断和集中，解决基本医疗的问题，保收支不均衡的矛盾。如果企业有能力做临床自营，那么拥有的医生资源在企业的影响下，能否成为企业品牌的代言人，能否持续性地为医生解决需求，这才是根本。即使落标或自行退出院内，在广阔的院外市场，你依旧灿烂，因为一大波的处方权被你影响，这就是医生心中的品牌。

（2）影响渠道商。

不论几票制，渠道必不可少，渠道商就是中间环节的全部。两票制后面临的商业渠道的大规模整合，渠道集中度增加，如何使得自己的产品在渠道商和代理商平台中占有重要的一席之地，就需要看你对渠道商的影响力有多大。这涉及产品定位的问题，选择匹配的渠道商，你的产品只有进入这样的平台才能提升价值。

首先，列出一个区域内的所有渠道商，逐一筛选，划定范围，全面分析。（规模实力、覆盖范围、人员构成、发展方向、制约问题）

其次，匹配自己的产品优势与人员结构，寻找交集，找交集大的优势去谈。然后进行深度沟通，掌握分销进度与竞品信息，通过激励与互动完成对竞品的置换。这个工作过程就是对渠道商的影响，当你的产品重要程度不断提升时，你就成功了。

（3）影响消费者。

消费者对品牌的认知很感性，广告是直接影响，所以药品广告大战持续了好几年。

随着信息碎片化、多元化，消费者对品牌的认知和忠诚度需要持续维护。处方药的特殊性，大众知之甚少。但是众多的 OTC 品牌已通过单品营造出整个企业的品牌格局。从消费认知到消费习惯的转变，需要有效传播、重复提醒、良好感受、体验分享，所以围绕品牌的整个策划活动就有着眼点了。

3. 打造市场系统

尽管营销的目的是让销售多余，我们也发现了，越是初级阶段的企业，销售地位越高。我们向往那些大企业有强大的组织力量，销售仅仅是维护和执行，效益来自于他们的管理。一个强大的企业必然有强大的市场支持系统对销售的操作流程进行规范。市场系统涵盖的内容实在太多了，上至宏观形势、政策导向，下至市场布局、数据分析、趋势判断、策略方案，都要游刃有余。所以，市场系统配套了医学部，完成产品使用最优化和服务专业化的工作。配套产品部，完成市场细分、产品定位和价格渠道的工作。配套策划部，完成具体方案和宣传媒介工作。整个系统就是以打造品牌、促进销售为目的。

4. 销售模式与产品资源匹配

常言道："外企做产品，内企做营销。"实际上，外企的营销都是无形的力量，它的产品力已经占据了绝对优势，我们却是在价格渠道促销上不断出招儿。一说控销，就容易想起OTC，实际上控销能涵盖所有的销售形态，重点在于"控"，也就是管理，试问哪个做临床的不管控渠道、不管控价格、不区分标内标外规格？我们熟知被贴上控销标签的修正、仁和、葵花，也涌现了"麦博士"这样的控销新秀等从事第三终端和OTC的企业。零售与临床不是两种形态，而是密不可分的，零售药房的拉动根源其实是医院，控销是基于整个产品线考虑的。分列不同的规格差异的外包装在院内和院外流通，合理控制就可以实现多渠道增量的目的。

从源头出发，药品本质的功能就是治疗，有效和安全是每个患者的诉求，也是医师和药师的诉求。体验感是通点，体验感不仅仅是患者自身、效果、经济负担、副作用等，还包括医生对产品的满意程度、对代表沟通的感觉和对产品的使用心得。对于招商来讲，重点落在经销商的工作上，依托代理商完成基础动作。招商最难的就是搞定代理商，一方面，是利益诉求；另一方面，是完成上下游的利益中转，也就是脚踩两只船，承上启下。对于上游供应商来讲，一个产品在生命周期内完成其利润贡献即可，也乐于让利给下游，带动和刺激其持续增长。

- 梳理产品的基础元素、治疗原理、作用效果（文献与案例）、经济性评价（竞品对照、是否医保、各地经济状况）。

- 清楚定位产品在细分市场的功能，领跑还是跟随、骚扰。针对每个产品阻击谁，明确目标。这样与代理商容易聚焦关注点，拦截直截了当。放大竞品的劣势和自己的优势，一对一地形成标准和话术，将概念传导到代理商的业务及开票人员。

• 利益分配。销售技巧无非就是沟通与利益分配，沟通能力有高下之分，而利益分配需要切合实际。一个产品总的费用额度是既定的，刨去税的部分，剩下的可供分配的额度需要做精细配比。对于终端来说，既是医务从业者也是商人，所以利润是按照商人的标准考评，地区客流量、医保、购买力水平决定了额度绝对值的大小，成为终端考评的参考。因此，中标价与供货的扣率标准是大致固定的，经销商设定开票与零售价格也有大致的品均值。这些是基于下游的考评得到的。

• 洞悉代理商的需要。代理商完成利益中转，他的中介角色是上下逢源，所以，代理商在不同状态下的需求是变化的。于是，有了各种各样的促销、各种各样的项目活动。基于代理商痛点的解决是动态的，是随着发展方向、销售情况、利润状况、人员变化、考评标准而变化的。所以，准确把握代理商的状态成了业务员的基本动作。

• 产品与服务的回归。产品，终究只是固定地去转化价值的物质。服务，一种虚拟的力量导入产品销售，就是一种帮助，招商的服务就是提供多种武器帮助代理商界定敌我，快速变现，同时推动代理商的下游完成传递。产品的痛点是无力、难以带动销售，解决这个问题不是基于产品改变，产品只能改进，但是服务可以调整，整天抱着代理商需求就是利润的想法就麻烦了。代理商的产品组合、销售现状、员工积极性、资金状况、运作水平都能找到服务突破口。

招商过程中，一直在找痛点，那些亟待解决的问题就是它的痛点，不是一级一级地提要求去改变产品，而是从用户体验的出发点寻找解决办法。以前，是简单粗暴的后台管理和粗放经营的前台展示；后来，精细化的过程让前台变得细致、套路繁多。但是，碎片化的时间和无暇顾及的客户心态，又需要前台变得简单，这种简单一定基于强大的后台。

二、代理商如何打造销售团队

销售过程通过人来完成，我们通常说的招商就是招人。如果有足够的市场没有足够的人就做招商；如果有市场也有人，却不愿意花太多的费用和管理成本，那也去招商；如果有足够的人和市场，愿意花钱长期做事情，就做自营推广。代理商主要是做招商，招商到底是谁在做？有电话和网络的电话招商，也有切入活动或者标后会议的会招，更多的还是面对面的面招。因此，价值实现需要人来完成，这是核心要素。

1. 销售团队的组建是一个动态过程

销售是发掘客户并促成合作的过程，客户在哪里？一是商业；二是个人。就这么多人，招商需要实现的就是让部分人来合作。记得跟某客户交流的时候，客户感慨满大街都是产品，主要是缺人，你帮我介绍几个代理商吧。一是做竞品的代理商，需要动员置换；二是潜在需求存在，需要激发和诱导。做这些工作就需要人，招商队伍的搭建需要人力部完成，按照人力规划招人。一方面，销售部发招商广告、卖产品；另一方面，人力部发招聘广告，招人，继续发招商广告。所谓人才，能帮助公司达成预期结果。

人的来源很简单，就是找，同行业挖人是最常见的。如果需要解决生产问题从外合资企业挖，需要解决渠道问题从商业企业挖，需要解决管理问题从国有企业挖，需要解决学术问题从外资企业挖。人员的流动是正常形态，最快的方式就是整体移植。

人是招商的关键，招商就是招人。招商人员的贡献就是用现成的代理商资源来交换，或者快速找到代理商并建立关系完成转化。传统电话招商的方式逐步被淡化，因为信息的透明化和复杂化让人的信任度不断降低，电话招商的拜访转化率太低了。很多需要面对面的会招和面招，考验招商人员能力的时候到了，产品、行业、利益呈现、沟通能力和议价能力。如何在入职前就能获知这些信息，通过人力部的测试。不过，大多数时候都是人力部负责收集信息，反馈给销售部，由销售部完成后续工作，但是这个时候发现无人可用，因为人力部根本不知道你想要什么样的人。最好的方式是让销售部和人力部融合，人力部服务内部，最先需要掌握内部需求。因此，人力部才是招商的第一步，先对内部招商。

2. 不断提升队员的战斗力

越来越多的事实证明，成功达成结果至少需要天时地利人和中的两项，其中人和是必不可少的。所以，招商第一步是武装人力部，由人力部完成团队搭建，解决人的问题。因此，大部分公司的人力部都是老板直属，人力和财务是老板抓在手里的秘密武器。

（1）一定要熟悉所处的行业环境和政策。

很多人聊起政策滔滔不绝，都是道听途说。真正的行业政策与市场环境要有理有据，基于商业环境和政策文件进行分析判断，首先要切合实际。

（2）熟悉产品和竞品。

大家都熟悉自己的产品，当然也有的只知道价格政策，连基本的产品优势都弄不清楚。大多数商业业务员是这样，因为要比较手里上千个产品，也就是物流配送类业务。工业的业务员如果没有熟知自己的产品，基本水平就不过关。至于竞品，临床业务员掌握得较多，一是临床产品相对较少；二是增长完全是对竞品下手置换完成，所以对竞品的研究较多。商业与终端业务员对竞品信息掌握得很少，只对低价的竞品敏感，用低价来与自己的价格对照。

（3）知道自己的优势。

对销售人员潜质的要求是脑瓜子、嘴皮子、笔杆子。脑袋要灵活，这是大家公认的；嘴皮子要溜，也就是能够正常表达；笔杆子要硬，能写出来；能用口头和文字双重表达的方式向客户传递信息。当然，形象也是优势，也算竞争力，而且很重要。每个人都有自己的长处，要适当延伸和挖掘。

（4）明白自己的短板。

大家都有短板，只是不愿意面对而已。市场细分和产品定位，实际上就是放大自己的优势，同时放大竞品的劣势，然后用自己优势的部分与客户需求找重合的地方。短板的补充靠资源交换，弥补需要投入，即使不弥补也可以过下去，但是一定要明白，别让自己的短板频繁暴露。

（5）有自己的核心客户群。

不仅仅是带来稳定的销售，更重要的是一起做药，以前讲的共赢，是利益分配层面的问题。而今你的客户完全可以绕过你跟上一层渠道，或者通过网络实现更大空间的合作共赢，那么你的价值呢？核心客群的培养不是客群，是靠真功夫，光有努力还不够，还要看专业水平，能够帮助你的客户解决问题。

（6）有融入团队的能力。

团队的凝聚靠什么，一起学习、一起提高，不是单纯的利益捆绑或者洗脑说教。团队是系统，是不同的功能板块，团队的结合体是集团力量最优化的体现。

二十年前，产品为王，有产品和勤劳就能获得价值；后来，产品爆炸，到了渠道为王的时代，有渠道才有销量，需要产品 + 渠道 + 策略；渠道开始乱了，终端为王开始显露，控销崭露头角，进入地空配合全民推广时代。之前都是在流通环节进行利益分配和输送，而这个流通环节被牢牢盯上了，流通改革的来临打破了中转缓冲，一票直到终端。

如果你仅仅是做简单的开票送货，靠简单的产品组合和客情 + 促销的方式，眼下还可以维持，但是不会很久，一定会有人打破平衡。想想未来，你的哪些特质能给客户带来价值？

3. 提高团队沟通能力

沟通是工作的基本功，卖药也不例外，从初入行工作开始，除了可以学到行业的基础常识外，就是在练习沟通。沟通伴随成长的过程，销售的价值体现之一就是能够不断地为客户解决问题，而这个过程就是认知、沟通、解决。因此，沟通就是生产力，是医药销售人员必备的技能。

（1）内部沟通。

内部沟通最重要，“攘外必先安内”，内部沟通顺畅，直接降低内耗，一致对外，内部凝聚力是任何一个团队都期待的。所以，做好内部沟通才可以获取资源，不被排斥。

对上级需要忠诚，一个团队必须有高度的团队责任感，勤于沟通，获得优先权；善于执行，获得信任；勇于建议，获得赏识。队友之间必须真诚，彼此信赖，有效分工，一起成长。此外，企业内部有众多部门，销售部需要优先获取资源，必须与其他部门配合密切，市场部、财务部、储运部、招标部等内部沟通顺畅。一是经常联系；二是适当维护，比如聚会、赠送小礼物，大家来往频繁、互动频繁，关系就会更密切。

（2）外部沟通。

外部沟通是重点工作内容，也是销售的核心要素，代表的拜访和信息传达就是沟通的过程。沟通可以分为三个方面：

一是语言沟通，日常拜访、产品介绍、科室会、培训会都属于使用语言表达传递，直接明了，需要话术训练、面部表情配合，语言效果等。

二是文字沟通，我们事先准备了产品手册、样品、文献汇编或者专家共识等作为配合语言的佐证，可以发微信、递交实物，或者电子版资料。

三是行为沟通，比如用企业的品牌提示物来做提示，或者非常熟悉之后，可以有肢体接触或者宴请之类的行为方式。

销售沟通的过程：

- 聆听中寻找脉络，探寻需求和意图，获得一手信息。
- 快速加工和分析对方的信息，做出判断，找好切入点，对方能够接受。
- 适当放大竞品的劣势，埋下伏笔，切中客户的出发点，来引入你的产品或服务信息。
- 与客户沟通要坦诚，既肯定对方的顾虑，又逐步解决你能解决的问题。
- 关键时刻一定要多次提及和强调你的产品能为他带来什么利益，然后等他接纳或者放开防守的时候进一步促成。

第八章 如何做好产品控销

控销这个概念是从基层市场发端的，在药品的发展过程中，从供不应求到供过于求，价格战最直接表现在各级渠道与终端，大家都期望获得比别人更多的生存机会和利润。因此，在终端价格乱战和产品无序争斗的时候，一种以渠道和价格管控为主要前提，以引流产品带动高毛利产品铺货动销，以密集的人员覆盖活动，以及宣传造势和基层教育为手法的控销方式组建形成。同时，OTC 市场中较为知名的几家控销企业，以基层医疗机构和药店为主要客户群，以一县一人、一村一店为标配，通过释放渠道利润来激发销售主观能动性。

一、控销的特点和常见问题

1. 控销是对销售过程的管理

药品的整个生命周期的前端从研发到临床试验再到上市推广，从成长到成熟，这几个阶段是推广普及，也就是解决“销”的问题。进入成熟期之后，销售会出现众多问题，这个时候就需要解决销售管理的问题。好比高峰期的时候，交警需要解决道路拥堵的问题，有序管理是客观需求。进入成熟后期的产品，竞争压力极大，必然产生无序竞争，渠道混乱，最终退市。

2. 控销的发源地是基层市场

十多年前，医院市场竞争加剧，当时有人说第三终端是蓝海。确实是蓝海，当时基层终端最大的特点就是信息不对称，这个时候大量的企业涌入，都抱着对开垦荒地收获的期待。一旦供求关系被打破，价格战在所难免，一切将化为泡影，对利润的追逐将止步于此。最早预判这种形势并做了价格和渠道管控的就是葵花，一位高人提出“控销”概念，并通过维护产品流通的价值链画好轨道，不再开放渠道。销售得到有效控制，获得基层市场的广泛认知，并引来一大批的追随者。

3. 控销的传统手法：五大法宝

（1）当家产品带路。

常规的控销手法中，每个控销部门都少不了一个黄金单品。这个产品就是“大哥”，带了一帮能形成关联组合的“小弟”，或者是按照产品适应症交集分类，这就是一个产品组。

（2）广告不能停。

持续的广告投入虽然耗费巨大，但是以广告带动百姓认知，通过持续的广告轰炸带来企业品牌的认知。正是这种传播，若干的控销企业都成了著名的央视品牌，直接晋级百姓熟知和重复购买的行列，有助于门店促销和推荐。

（3）终端动销持续。

控销有一个特点就是终端维护，不仅压货，还有动销协作。除了“空中广告”的辅助，少不了地面人员的“人海作战”，各种驻店促销，一句话卖点培训、海报手册、买赠促销、店员带金，终端助销活动持续不断。

（4）三级承包。

从省总到地总、县总，三级人员对市场进行“承包到户”。一方面做市场的主人，拿出高促销、高费用全力投入去培养客户；另一方面，促销形式五花八门，各显神通。活动有：砸金蛋中金条、欧洲七日游、村医进清华、“进货八万八，奥迪开回家”……非常简单的拼业绩，业绩决定收入、地位，可以直接升级。这种模式极大地提高了业务员的工作激情，不断刷新销售额。

（5）低成本产品。

控销产品大多数属于普药，价格较低，市场竞争非常充分，只有这些产品才能在保证各级利益的前提下，提高终端零售价。当然，也需要考虑地域经济情况，能否承接足够高的零售定价。

经常有人调侃：如今做控销的太多了，事物发展到了高潮终究是要落幕的，如果50%的企业在基层做控销了，控销就没有实际意义了，还不如省下人力、物力放到物流渠道上。此外，消费者认知水平不断提高，信息不对称的弱项已经得到弥补，市场投机的方式越来越少。

- 大量产品贴牌，在品牌商标的掩盖下谋求更高利润，经常被客户质疑。
- 产品线划分太细，某些公司部门纷杂，人力资源浪费严重，大量工作需要兼职。
- 部分产品定价过高，超过当地百姓的可接受范围，典型的投机主义，争利丢量。
- 产品组的总体利润不足，县总兼职情况普遍，新兴品牌崛起，终端拦截普遍。
- 操作规范僵化，省总、地总随县总频繁走访，引起县总的不安和不满，人员流动非常大。
- 政策严控，营改增让县总的走票费用增加，收入减少。

二、控销方式发展趋势

控销方式操作有两种：一种是商业渠道控销；另一种是终端控销。在终端竞争走向白热化的阶段，控销颠覆了普药单一物流走向的开放式路途，这种逆转无形中延长了生命周期，甚至在两军联战中打造出若干个大众品牌。而今，医院市场发生变化，零售市场集中度不断加码，外部资本不断进入医药行业，控销虽然一直被模仿，但是几乎没有几个能成功。依然需要管控，OTC 市场正在迎接后控销时代的来临。零售市场的开放程度较高，所以门槛比较低，说混乱也不为过。随着专业推广的下移，临床产品不断走入 OTC 市场，势必促使推广方式革新。随着临床市场的低迷，部分新普药重心下移，带着专业学术推广走向零售市场，传统的 OTC 路线正在面临革新升级。药企和渠道真正的需求是持续销售和平稳增长，消费者的需求是解决疾患。因此，安全有效的产品和有序合理的价值分配是每个环节的共同需求。

1. 产品回归原始属性

普药本身就是成本低、附加值低的产品，为了追求高利润空间，很多人会降低质量要求，甚至寻找外部一些没有保障的小企业贴牌加工。可喜的是目前众多品牌对品质的考量还是很高的，在与控销品牌“麦博士”创始人杨先生交流的时候，他对贴牌企业的要求非常严苛，对企业规模、质量指标、研发创新等综合实力进行评判，对成本可以适当放宽。所以，控销第一步就是控质量。

2. 传播概念更加明确

药品使用从临床向零售转化的过程是大家都认可的，因为临床使用都是按照适应症分类，零售陈列也是如此分类。控销产品的选择会设计四季不同的主推带动产品，同时涵盖解热镇痛、消化系统、抗生素等几大主要门类，也有专门深度耕耘的，按照适应症进行细化分解。提炼卖点的时候，强化适应症，通过对症强化而引出产品。

3. 价格带宽度延伸

高开高返的利益驱动是传统控销的一个特点，但是随着渠道和信息透明度越来越高，消费者自主决定权重增加，尽管药品的价格敏感度不算高，但从需求上更需要有宽度的选择。譬如常见的为了增加单品价格而做的超大包装、主推产品，如果是慢病长期用药，可以考虑大包装降低成本。如果普通产品过分增加大包装产品，及时完成销售也是伤客行为。笔者曾经设想按照服用剂量分出一日、两日、三日的包装产品，降低零售价，作为吸客方式，吸引轻决策行为。让我欣喜的是，某知名企业的头孢克肟分散片有 4 片装，两日量的包装。

4. 传播方式低成本

任何产品和服务的销售过程中，成本最大的就是传播，不管是广告投放还是人海战术的扫街。节约传播成本是大家都期待解决的问题，现代的传播出现了众多线上平台。我们认为互联网改变了生活，也让传播变得更快更低廉，微商汹涌来袭的方式也被很多药企借鉴，有时候过于频繁的传播会让人烦躁，但是他们的目的达到了，不停地重复和刺激，让关键词扎进受众的脑海。

5. 控销平台共享

自己组建控销队伍，投入大、回报周期太长，况且产品结构还得靠外部引入。很多企业会把产品分类，将定位走管控的产品大包给那些已经控销成型的企业。这个时候长期耕耘一线的地总们该大显身手了，手中握着最终端的资源，需要形成合力，才能显现规模效应。所以，呼唤控销平台的出现，吸纳更多的具备资源的自由人进入平台，作为第三方的平台进行工业与终端的对接，产品可以轻而易举地获得。

三、如何理解基层市场的控销

1. 从产品生命周期看控销的不同阶段

如果是新药做临床，那么临床推广的控销重点是销，需要打开局面，解决使用的问题、医生的认知问题。如果是普药做控销走零售渠道，重点是控，以管理机制出效果，延长生命周期。判定自己的产品适合走哪条路，很容易。

2. 控销以控为前提，以服务为保障，以销为目的

零售控销的大部分是普药，很多医院处方药开始大举进攻 OTC 市场，一定是有广泛认知，在临床上曾经被大家认可和接受的产品。操作方式大同小异，“一个黄金单品带队，组建一个产品组打天下”“差异化包装、一句话卖点培训、终端陈列考核、买促活动频繁、压货旅游、总裁签售”等随处可见。一定程度上，这些方式提高了销量，但是时代在变，控销的操作方式也应该变了。

控销的环境在改变，消费者的自主判别意识在不断提高，以前信息不对称逐步消失。外企产品的大量进入，已经临床处方药转战药店后，这些人惯性的学术推广思维可以直接对连锁药店的培训体系产生影响，

直接影响店员销售过程中的产品推荐。

控销是建立有序的价格和渠道体系，同时以健康服务和购买体验为目标，销售达成是最终期望，过程很重要，会影响消费者一瞬间的购买决定和重复购买。

3. 控销是三军联动作战

笔者在与连锁药店谈贴牌业务的时候，经常交流贴牌与品牌的问题，品牌带动客流，贴牌赢得利润。控销的过程就是做品牌的过程，这也是控销企业的终极目标。药品的作用是解决病患，安全有效就是其价值，最终的消费体验才是王道。所以，控销需要市场部完成客户体验的提升工作（媒体传播、包装、健康提示、治疗优势、适应症定位等），需要销售部完成产品铺货、店面维护工作（陈列、促销、店员维护、展示宣传），需要督察部清理乱事者（规范运营需要维持秩序的第三方）。

4. 控销机构外包

营改增和两票制将过票公司清除后，很多人将销售外包，尤其是临床产品，面临政策压力和合规要求。这样将营销活动的几个元素分解后外包给 CSO（调研、科室推广、学术会议等），以项目制付给佣金的方式解决费用问题。同时，对项目进度有掌握，对结果有考核。

同样道理，标外市场也可以。虽然 OTC 市场受到的影响不大，但是很多招商企业既想将产品代理外包，又想掌控销售动向和结果期待，可以叫作控销招商。这样也可以将分解后的元素组合外包，寻找第三方控销团队接招。

四、控销产品多元化扩展和团队锻造

1. 非药大健康

很多药企开辟了多种渠道补充利润来源，尤其是概念上的从治疗到预防，从服务病患到服务健康，开辟大健康概念。很多健康城，从孕期保健管理开始一直到老年慢病管理，把人的一生分解为若干时期，分别为不同时期的人提供健康解决方案。同时，以家庭、单位、社区等为整体进行互动。

2. 客群资源使用

利润来源就是你的客群资源，药企的客群资源有医院、药店、商业公司，挖掘他们的需求，寻找利润点。之前，工业经常被下游视为索取对象，现在应该逆向思考，除产品外的其他方面获取利润，加上药企销售人员素质高，应该有能力完成这一使命。比如某些连锁药店会把企业的培训作为利润来源，企业来培训，需要向连药店缴费。反过来思考，是否连锁药店又需要花钱去请别人来培训，关键看药企的盈利水平能不能达到。

3. 团队潜力开发

大部分药企的销售人员都有一个标签，就是精明。我们强调要专职，追求员工的专一度，担心兼职人员不好管控。专职的前提是企业能满足他的需求，笔者理解的专职应该是企业能够创造吸引他们全力付出的条件。销售是个大概念，能为企业创利的都可以。应该大胆尝试一下，附加值没必要完全加价在药品和耗材上，可以明码收费，提供附加服务。

常常听人说团队最重要，但是团队塑造却不是一朝一夕之功。整个医药产品的销售链条涵盖研发、生产质量、招标政务、市场销售、销管客服、财务、法务等众多模块。

（1）不同模块之间交流畅通，大家目标一致。销售过程是系统工程，是合力的聚集，分工不同，但是信息应该对称，这样才能提高工作效率、减少内耗。

（2）管理扁平，用数据说话。团队凝聚力的体现就是容易沟通，信息传递真实，用数据管理才是客观公正的手段。

（3）给队员一个明确的未来。每个人都希望获得认可、满足需求，可以为不同的人设置不同的发展目标，给予他们足够的空间，淘汰机制也是公正的。

（4）学习常态化。每个人的成长必然伴随着不断学习，有的人主动，有的人需要督促，常态化的学习促进是团队发展的必备制度。

第九章
药品产业链模块分析

一、药品产业链概况

医药行业有多个子门类，包括化学原料药及制剂、中药材、中药饮片、中成药、抗生素、生物制品、生化药品、放射性药品、医疗器械、卫生材料、制药机械、药用包装材料及医药商业，常规的药品包括原料和制剂（含生物药品与特殊药品）。

原料药产业是医药行业的重要板块，尤其中国是世界原料药的主要产地。中药原料就是中药材，传统中药材讲究地道药材，是指在特定自然条件、生态环境的地域内所产的药材，因生产较为集中，栽培技术、采收、加工也都有一定的要求，比在其他地区所产的同种药材品质佳、疗效好。原药材的主要流向为做饮片、中成药、出口礼品，或者供日、韩等汉方药企业使用。原药材主要源于种植户，为农业端来源，受自然环境影响较大，特点为分散、标准不统一，部分流通户通过货物的囤积和抛售调节价格。化学原料药主要是通过化学合成和生物发酵获取，大众原料药盈利方式主要是供需关系决定的价格涨跌，通过为企业提供新产品研发收取佣金，以及为客户提供合同制备进行定制加工获得利润。

制剂药分别以中药饮片、中成药、化学药制剂等方式呈现，同时又有不同的剂型，比如注射剂、口服剂型、外用剂型等。其中，中药饮片最复杂，因为饮片的功效取决于原药质量和加工过程。此外，饮片的辨别和使用需要依靠绝对专业的人员。中成药的一部分工艺是传统炮制工艺，甚至部分是保密配方。化学制剂完全是按照标准工艺流程的大工业生产。不同种态各有优劣，中药与中医密不可分，讲整体观念、辨证施治，组方按照“君臣佐使”的原则，从多元化用药的角度做了概括。

1. 饮片

中药饮片是按照中医理论、中药炮制方法，经过炮制后可以直接用于中医临床使用的饮片。

中药配方颗粒目前处于尝试阶段，争议较大。是由单味的饮片经过提取浓缩制成的供中医临床配方使用的颗粒，也叫单味浓缩颗粒和免煎中药饮片。统一规格、统一剂量、统一质量标准的新型配方用药，比传统服用的汤剂更方便，且剂量准确、安全性有保障，有效地解决了中药饮片不合格率高的问题。但是，目前中药配方颗粒与中医传统观念存在冲突，疗效不明确，按照中医理论和实践，几味药材一起煎熬可以发挥更大的作用，这是单方颗粒无法实现的。此外，制剂厂家为了降低成本会降低原料质量。目前中药配方颗粒有 700 多味，而且保持高速增长，在日、韩、新加坡等国家，中药配方颗粒消费比较普遍。

2. 成药

中成药的药方主要来自历代医药文献、验方、新研制方。其中，药传统剂型：丸剂、散剂、内服膏剂（膏滋）、酒剂、露剂、胶剂、膏药等；中药现代剂型：颗粒剂、片剂、注射剂、胶囊剂、合剂等。

中成药目前最热议的当属中药注射剂，是中国特色的产物。由于中药注射剂组成复杂，有效成分尚不明确，大部分属于独家产品，价格垄断，毛利较高，在过去的十几年飞速发展。因受制于不良反应较多等安全性问题，中药注射剂受到很多质疑，并要求进行再次认证。中成药在零售市场非常活跃，有民间文化认知，此外大量的中成药为非处方药，利润空间较大，受到市场销售人员的青睐，大部分 OTC 的广告品牌药和黄金单品都是中成药。尤其是在补益类、镇痛类、儿科和妇科的专科药方面有良好表现。

3. 化学药制剂

化学药制剂是由原料药增加辅料进行灌装、压制、造粒等制成的常见的注射剂、口服剂、外用剂等。化学药制剂是直接与消费者进行接触的产品，也是最常见的产品。

4. 生物制剂

生物制药原料以天然的生物材料为主，包括微生物、人体、动物、植物、海洋生物等，生物制药主要有蛋白质、核酸、糖类、脂类，最常见的有疫苗、肝素钠等。很多抗生素、维生素产品也是使用微生物发酵制成的。如图 9 - 1 所示。

化工
及中
间体
化学药制剂
农副
产品
药用
动植物
中成药及饮片
生物
细胞
生物制剂
代理商
利益分配
直营
成本
终端
分销
成本
分销
配送
配送费
终端
渠道
成本
消费者
招标
成本
政府
机构

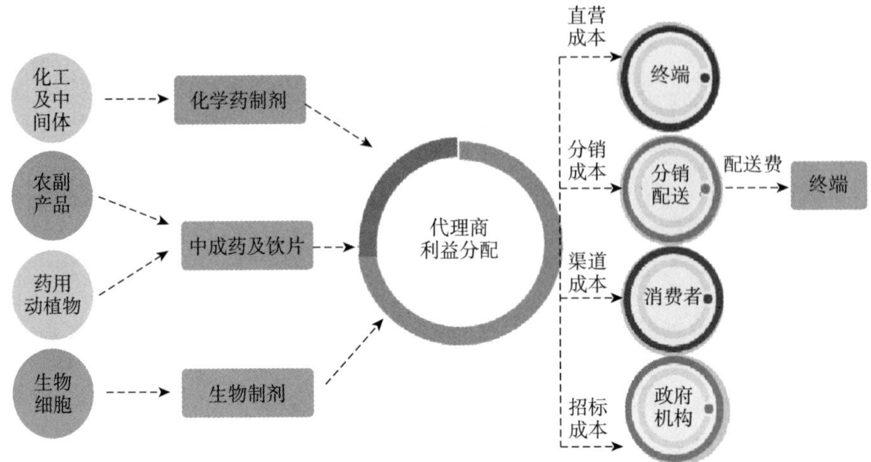

图 9－1 代理商利益分配

二、药品产业链中的关键端口分析

从整个医药产品产业链的关键点看，可以分为四段：一段是生产端，一段是流通端，一段是终端，一段是消费端。由于医药行业的特殊性，这四段均受国家政策环境的影响。

从原材料到制剂药再到消费者的整个流转中最大的价值，最合理的价值出现在工业出厂到消费端中间这一环节，也就是流通环节，是代理商与分销商发挥作用的阶段。因此，对于该阶段利润分配的研究是销售政策是否有效的关键。我们经常听到的扣率，就是在底价大包制下常用的利润评估方式。比如“二零扣”“三零扣”，还有“票点”等名词术语。

1. 药品生产端口

我国的制药生产企业有三大类：

一是中国特色的中药企业，由传统民间医生自制药方起源的，衍生出来的加工工业。既有规模小、分布广的中药饮片厂，也有知名品牌云集的中成药企业。明代以来，先后出现了一大批老字号成药企业，同仁堂、胡庆余堂、陈李济、叶开泰、雷允上、九芝堂等比较活跃，后期以岭、神威、青峰、天士力、梧州制药等现代中药企业崛起。

二是化学制药企业。我国的化学制药工业从建国初期第一个五年计划开始，由广州白云山、上海抗生素研究所、华北制药等老一批抗生素工业开始搭建，后期不断上马原料企业和制剂企业。通过不断引进外资企业入华建厂（大冢制药、天津史克、无锡华瑞、西安杨森等），同时鼓励国内企业仿制药发展，初步形成了以原料药为基础、以制剂仿制药为主体、以鼓励创新研发为导向的制药生产工业体系。

三是生物制剂企业。生物制剂一直保持很高的增长速度，特别是在肿瘤、风湿关节病等方面表现突出。在医药使用的主流市场，长期以来在外资原研药的学术带领下发展，形成了院内优先使用原研药的传统习惯，外资产品质量优势明显。国内仿制药企业大多通过费用维护等方式进行临床维护，形成了中国特有的医疗灰色价值输送。

多年来，我国国产药品一直饱受诟病，在主流医院市场一直被原研药压制。仿制药一致性评价是指对已经批准上市的仿制药，按与原研药品质量和疗效一致的原则，分期分批进行质量一致性评价，就是仿制药需在质量与药效上达到与原研药一致的水平。因为过去批准上市的药品没有与原研药一致性评价的强制性要求，有些药品在疗效上与原研药存在差距。历史上，美国、日本等国家也经历了同样的过程。开展仿制药一致性评价，可以使仿制药在质量和疗效上与原研药一致，在临床上可替代原研药，这不仅可以节约医疗费用，还可以提升我国的仿制药质量和制药行业的整体发展水平，保证公众用药安全有效。

2. 药品流通端口

产品价值实现需要完成空间转移，而药品从出厂到消费者手中，需要通过渠道完成，而价值转运中的利润就是在流通过程进行传递实现的。因此，流通是最重要的环境，因为只有流通才能创造利润。恰恰是流通环节的存在和利益输出，才有了两票制要求压缩流通环节，认为流通环节过长导致药品价格虚高。

两票制就是从制药工厂到配送商开一次发票，从配送商到医院再开一次发票，总共两票，意图缩短流通环节、压缩费用、降低药价。实际上就是去掉以前所谓的“过票”环节，而这个环节恰恰是药品代理商完成的高开环节。因此，两票制对于流通的影响巨大，尤其是招商代理企业，是革命性的改变，加速了商业流通的洗牌和大商业圈地兼并的步伐。药品的主要利润都在流通环节产生，创新药需要推广和认知，因此需要投入大量的资源进行医生和患者教育。仿制药需要销量，也必然在流通环节投入精力进行竞品替代获得市场份额。所以，流通过程的价值产品是整个药品流转的关键部分。

首先，为什么会有多票制？因为要变现，要把高于底价的部分变为现金，提取费用。几年前倒票现象比较普遍，很多公司职业过票，同时大量的终端不需要发票，导致很多商业公司进项税远大于出项税。随着监管升级，这种现象逐步消失。

其次，两票制后，药品价格并没有降低，因为价格是在招标和议价的时候确定的，只是在流通中降低了转手次数。没有空间就没有推广，因此，两票的结果是高开转向工业，给工业带来大量的预付现金流的同时也带来了票务处理的压力，大量的费用票据进入工业。这个时候代理商的压力最大，一方面，按照高价打款给工业，需要大量现金；另一方面，工业返款速度直接影响代理商的资金压力。除此之外，医院因取消药品加成和药占比考核，利润受到影响，处于对上游供应商持续压款状态。

此外，两票制的推行倒逼很多代理商转型。一是进入工业体系做推广和销售；二是由临床转为不受两票影响的 OTC 领域、保健品和特殊食品领域。院外市场代理商受到更多的外来冲击，大量竞争人员涌入，也加速了院外行业的洗牌和服务升级。竞争是推动行业升级的最好动力。

3. 药品终端

（1）医院终端。

医院消费是药品最重要的使用终端，因此，医院市场是药品消费市场的核心，也是所有产品的必争之地。在药品高速增长的时代，医院市场体现出三类大产品的高速增长，一类是中药注射剂，一类是全科辅助用药，还有一类是抗生素复配制剂。而这几类产品均为各地区代理商齐心运作的结果，以至于有医院药剂科感慨：哪些产品用量大不是医生说了算，而是你们做药的说了算。

首先，医院准入需要跨入两道门槛：一是中标；二是进院。接下来拼的是代表的工作——维护上量。

招投标是个技术活，大致有标前准备、标中分析、标后跟进，三个阶段各自需要做大量的工作。目标产品一旦实现预期的中标，带来的效益将是未来很长一段时间，甚至是颠覆式的跨越。

标前准备需要做的是圈定目标客户并重点定好 VIP 客户，因为标前关照很关键，此外就是深度调研竞品情况和医院覆盖使用情况。给操盘代理商明确的信号和信息，做好标前资源的维护工作。

标中阶段就是充分使用招标关系网络，详细解读标书细则，寻找优势机会点。此外，密切关注政府资源的使用，询问和咨询相关政策导向。此时应该与锁定目标客户密切配合、共享信息，确定重点产品的合作，并促成标前协议的签约。

标后重点事项就是分析中标产品的机会点，锁定竞品，放大自己的优势，放大对方劣势。对分销商的流向跟踪，对空白市场的跟进，对销售规则的监督，等到新标产品被大家熟悉之后，就需要快速进行医院开发（新标执行三个月内），考核分销商的重点医院开发进度、进院率明确要求、中标产品信息沟通及相关政策文件的传达，同时做好转配送工作。完成初级阶段的覆盖后，工作重心就是对分销代表的产品教育及医生教育和维护工作，促进产品快速起量。如表 9－1 所示。

表 9－1　不同阶段医院药品采购模式

不同阶段医院药品采购模式	主要方式
医院自主采购	正式开启“以药养医”，以弥补财政不足。从 20 世纪 90 年代开始，医院与制药企业及药品经销商之间进行谈判并采购，一定程度上促成了灰色利益链条的形成，同时药品价格虚高
集中采购尝试与推广	在 20 世纪 90 年代后期，国家发改委和卫生部推出药品招标采购制度，河南和海南成为试点地区开始试行招标采购。随后全国范围内的药品集中采购开始，主要以地级市为单元进行采购。后来，以政府主导的以省级为单位的药品集中采购逐步推向全国
集中采购通行	2009 年，以六部委推进的省级招标制度施行。同年，确定了我国基本药物的省级集中采购模式确定。2015 年，国务院的“7 号文”、卫计委的“70 号文”等重要文件出台。集中采购的主要模式为“双信封”
新采购模式	招标的目的是控制医保费用，随着各地尝试改革原有的招标模式，先后涌现出广东、重庆的药交所模式，深圳、上海等地的 GPO 采购，以及药改先驱福建省的以医保支付为基础的联合限价阳光采购

（2）药店端。

药店，放在大零售体系内进行分析，就是一个做特殊产品的零售卖场。也有连锁卖场和便利店之分，只是商品比较特殊而已。从传统零售商的关注点“人、货、场”到目前新零售提出的“大数据和新模式”，作为药品零售出口的药店均参与其中。药店有两种业态：一种是连锁药店；另一种是单体药房，形式类似，操作模式截然不同。连锁药店是以标准化和统一化的模式链接起来的若干单体店，以网络状态出现。单体店则是以便利店和夫妻店及诊所店的形式出现，操作方式灵活多样，但是抗风险能力差、服务能力较弱。近年来，连锁药店发展迅猛，随着购买者自我诊疗水平逐年提高，加上医药分开的政策影响，以及资本市场对于医药行业的持续关注并极力推动连锁药店，目前连锁率过半，强强联合与大规模的兼并事件不断出现。

连锁药店是目前零售市场的主力军，连锁药店的覆盖和销售情况，可以代表整个产品在零售市场的表现，连锁药店的运作类似于大型商超的模式。对于连锁供应商来讲，产品要在连锁店面的货架上销售，需要经过多重考验。连锁操作接近临床操作方式，需要吃透各个环节，才能顺利达成目标。任何企业的运行目的都是盈利，连锁药店也不例外，主要是评估你的产品能够带来什么价值？大型连锁药店对于产品引进要求很严格，有诸多考评因素，上架费、毛利率、动销率、人员拉动、广告支持、培训服务等。

（3）诊所。

诊所是我国最庞大的最小售药单元。按照国家卫健委相关统计数据，我国各类诊所数量约 85 万家。诊所的灵魂人物就是诊所老板，也是医生本人，集采购、诊疗、处方为一体，按照诊所老板的分类，可以对诊所做大致的划分；

- 医学专科学校毕业，在等级医院有实习经历。（诊疗中规中矩，沿用临床套路）
- 卫生护理类学校毕业，后天自学的医疗知识。（诊疗盲点很多，

安全性首选）

• 乡医世家，家庭传承，中医居多。（靠刷脸吃饭，区域品牌人物）

• 等级医院医生离职创办，特色专科诊所。（专业专科，全临床套路）

• 民营医疗集团背景，连锁门诊部。（以服务制胜，高端服务）

• 厂矿医务室，组织内部配药功能。（企业内部的发药机）

诊所产品品类较少，但是集中度高、忠诚度高、稳定性好。此外，规避了在严格管理下零售药店对处方药的限制。诊所的盈利方式为诊疗服务的费用加上药品加成的利润，诊所对产品的需求特点为安全有效、适应症明确、使用方便、价格合理。如表 9 – 2 所示。

表 9 – 2　诊所的特点

类型	适用品类	特点	突破点
厂矿医务室、城中村诊所	抗生素、解热镇痛类，胃肠用药、外用药、皮肤用药，季节性药品	流动人口多，对价格敏感度低、购买力较高	突破厂室采购，单品量大，季节性药品领用及发放
乡村诊室	常规品类配置，品类较齐全，适当考虑儿童药与慢病药物	客情稳定、忠诚度高，长期服用的慢病药物与儿科用药需求量大、购买力较低	绿色疗法推广及免费检查与筛查，促进销售
高端门诊	主要价值体现在服务方面，多以特色药物为主	锁定部分群体，忠诚度较高，需要有特色产品接入	独家高毛利产品谈判，进行学术攻关
专科特色诊所	对应的品类药物，比如儿科、男科、妇科等专科药物。此外，联合使用其他产品	主攻专科，购买力强，专科产品可签约项目制	化药专科及中成药独家产品合作

4. 药品消费端

患者的需求是对疾病的治疗，首先需要终端医生进行诊断服务并制定相应的治疗措施，药品是治疗工具之一，此时消费价值取决于医生的处方和患者的承受能力。而预防人群包括未病或者传染病防疫等，如提前接种疫苗，中老年人服用阿司匹林进行预防疾病的发生，也有针对身体状况选择性服用保健食品、功能性食品等，以提高身体局部机能和代谢情况。

相比其他行业，医药产品消费的支付能力强，比价和议价能力弱。因此，消费端处于弱势地位，显然是被逼接受，且没有其他选择。掌握医药产品价值转换中的真实权力是使用终端，也就是在供应正常的前提下，贡献价值最大的就是终端。

大家普遍认为竞争的结果是重心下移，而重心下移之后同样会有竞争，然后是优胜劣汰、重新洗牌。最终对药品消费端的理解就是能够更好地为患者提供安全有效且经济的治疗方案。如图 9 – 2 所示。

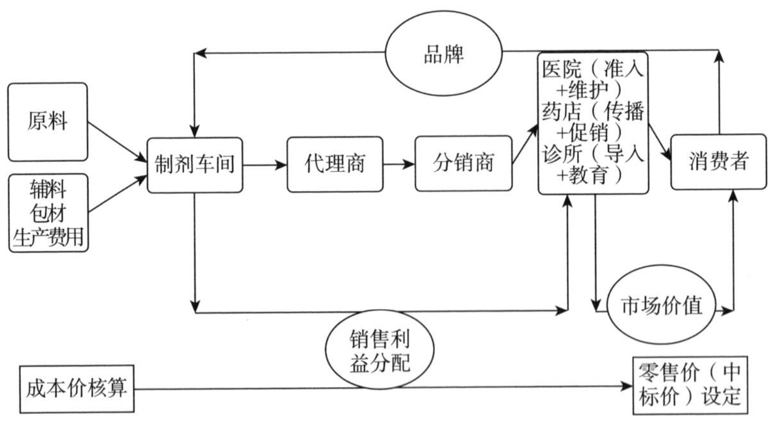

图 9 – 2　药品价值流转过程中的流程图

三、医药产业链中的供应端洗牌

事物是发展变化的，在经济环境发生变化的基础上，国家不断调整医药行业政策，其中技术革新与思想观念的转变促成了不同分工模块的变化。对于制造业来说，发展的结果就是洗牌，重新排列组合资源，促使技术进步、理念革新。对于流通渠道来说，兼并与整合加速，规模集约、标准化连锁体系成为主流。终端则需要迎合消费者日益增长的需求，从而提升增值服务。对于消费市场来讲，原来的主要消费模式发生改变，继而衍生出更多的细分市场出现了新的机会。

医药产业链中供应端洗牌进行时：

（1）源头产业集约、绿色、标准化。

医药产品的源头是农业和化工业，中药原药材、微生物发酵、动植物提取、化工合成等是药品原料的主要源头。长期以来，中药标准化一直是饱受诟病的，标准化是针对中药材种植、中药饮片生产、中成药生产全过程的技术规范和标准缺失问题，着力于中药生产各环节的技术规范优化、中药产品标准及中药产品可溯源体系建设，完善并修订一批中药生产规范及标准，强化中药产品的监督、鉴别和鉴定方法，系统构建中药标准化服务支撑体系。而化学原料药的现状就是产能严重过剩、高耗能、高污染。因此，环保、去产能是化工原料药的当前主题，绿色环保的原料药生产是未来生存的先决条件。此外，我国是原料药大国，在国际原料药供应中处于产业链的最底端，进行产业升级是当前的重要问题，承接较高水平的原料供应是该端口未来的价值体现。

化学药上游原料工业逐步减少，因供需矛盾与环保严控，仅为拥有下游制剂完整链条的大中型企业留有生存空间。国内化工原料产能严重过剩，且众多企业工艺传统、设备陈旧，不但高耗能而且造成环境污染。国内原料药大部分依靠出口，凭借国内的廉价劳动力与低环保成本发展起来的企业在最近几年举步维艰。一方面，以印度为代表的原料厂凭借更低的成本发力；另一方面，随着政府多次进行环保检查与限产、停产等举措推行，具备领先规模和实力的企业势必会胜出，继续提高工艺水平和更新设备，提高品质。因此，化学药品的上游供应链格局发生变化，随着我国一部分优秀企业逐步转向研发和技术驱动，国内医药供应前端开始升级，脱离供应端最初等的状态，逐步向高精尖迈进。

中药标准化与集约化进程成为整合点，从源头对接开始，将是中药持续发展首要解决的问题。化学药的黄金时代过去后，很多人开始挖掘中医药的潜力，主要表现为中药 OTC 产品及药食同源产品的反复炒作。众所周知，中药的痛点是质量管控体系，中药的源头种植为农户，产地种植只是种植生产，市场需求信息模糊，长期处于产业链最弱势地位。长期以来，中药材都讲市场流通标准，而不是产区质量标准，中药材的定价权是流通一端，这样容易操控和炒作。因此，推动优质优价的产地标准和按需分配订单种植的中药集约化模式，是中药持续发展的路径，而进行源头质量标准的分级管理，则是推动优质高价话语权的重要一环。集中分散的种植户和经营户进入中心式统一管理、统一仓储、统一信息和源头检测，将是我国中药几大交易市场共同思考的问题。

（2）制造端发力一致性评价，开启质量革命。

从药品短缺到严重过剩，中国仿制药出现了一拥而上的局面，我国是世界第二大药品消费市场，17 万个药品文号中 95% 以上均为仿制药。行业粗放发展的时代，质量是最容易被忽略的，因为聚焦销售，快速掠夺财富，完成积累。在竞争白热化的时代，依然是销售为王，解决企业的生存问题。当行业洗牌的时候，质量作为生命线，将产品原始属性的最终回归摆在重要地位。

仿制药质量水平的大幅度提升，以及僵尸文号的清理将提高国内制药水平的竞争力，有利于净化市场，推动行业进步。此外，对中药的安全有效性进行再评价，也意味着中药行业的整体标准升级大幕开启。而承担主力的质量管理人员必然成为企业核心竞争力的重要一环。筛选和购买文号进行一致性评价从而获得未来市场机会，将是一些操盘大产品代理商关注的问题。如图 9－3 所示。

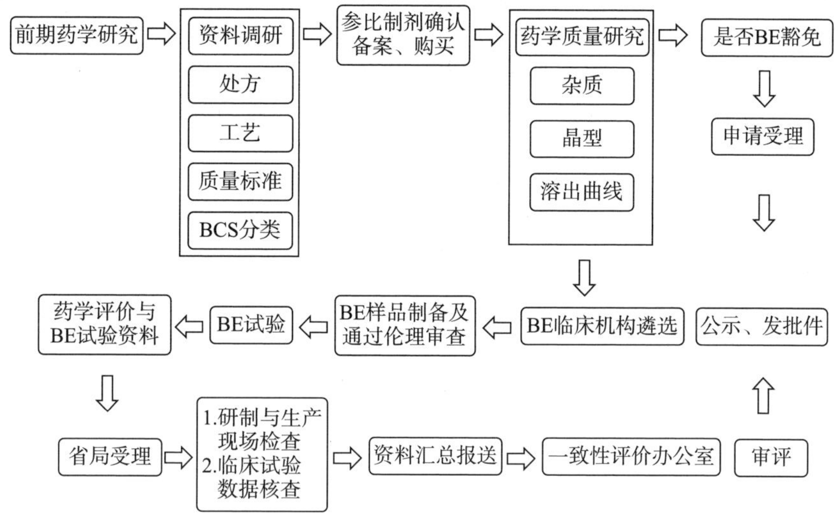

图 9－3　筛选和购买文号

（3）仿制药的第二个春天来临。

国产仿制药的第一个大发展周期是我国医药行业发展的黄金十年，外资产品获得临床高度认可，拥有招投标特权和定价优势。而国产仿制药在第一个阶段得益于外资原研产品带路，第二梯队的首仿产品获得空前的发展，尤其是获得单独质量层次的定价优势，以及国内灵活的临床操作模式。在此期间，出现了大量的中国特色产品，也就是现在的“辅助用药”和“独家中药注射剂”。

当医保改革控制过快增长的药品费用时，控费的方式之一就是控制辅助用药；第二个就是通过医保方式以价换量与原研药谈判降价。此外，使用仿制药替代原研药。而仿制药需要拿到的入场券就是一致性评价，这样才能与原研产品同台竞争。

仿制药的一致性评价是一个优胜劣汰的过程，一方面，终结僵尸文号；另一方面，进行评价动辄数百万的费用，对于企业来讲也是一个重新定位和梳理产品的过程，将全部精力投入到最有优势的几个产品中。此时的代理商已经在与工业进行战略联盟，工商合力投入资金做协议产品的一致性评价。未来的医院市场，将会引来一致性评价产品的第二个发展时期，快速瓜分市场份额。即使是院外市场，一致性评价产品的认知也会快速上升。

四、流通端纷争，渠道重新分工

药价过高，被认为是流通环节过多、太复杂造成的。两票制带给工业的最大影响就是财税处理的问题、解决票务问题，遵守合规的规则才是根本。商业流通影响最大，直接关系到饭碗保不保的问题。一方面，在终端拖欠的形势下，保证资金流和资金占用的成本，向工业求援；另一方面，需要开拓新业务以保障正常运转。流通规则促成洗牌不是孤立进行的，配合两票制的有“营改增”“一致性评价”“医保支付”“药占比”，还有目前轰轰烈烈的医院反腐大检查。医药市场要改革，合规合法成为时代主题，迎接挑战的方法只有顺应政策、梳理资源、重新分配。从医保控费与规范药品渠道的各种政策看出，减少中间环节是绝对导向，“两票制”甚至“一票制”已经成为流通改革的重要内容。处于流通端的医药商业数量众多，且经营规范率很低，这将是流通端改革的对象。

两票制搅动了谁的心？显然是代理商。对于工业端和终端来说，两票制只是重新选择代理商的过程，而对流通中转站的代理商来讲，几票的问题直接影响业务开展。驱动药品流通的渠道因素有两个：一是配送覆盖；二是利润空间。因此，基层市场是否可以转配送，这是非常关键的，或者工业销售公司算不算一票等都是最迫切获知的。此外，比两票制更让代理商揪心的还有一票制，除了疫苗外，福建的基础大输液要求一票制，这显然将原有医药公司的职能让位给第三方物流。在海南和安徽的文件中已经提及商业公司可以委托配送，无疑是在给第三方物流创造机会。两票制来了，流通渠道在暗流涌动，变化过程就是元素重新排列组合的过程，那么两票制带来的商业机会有哪些呢？

（1）部分产品退市，市场份额空巢，自由人解放。

两票制清理过票公司，部分承担过票职能的公司就此淘汰，而这些被过票的产品必须重新划分，如果不能承接高开职能的工业，就此停止。让出的空间，就为竞品让路。此外，一部分本身除了低毛利的产品，在自由人操作无法承接两票制垫资成本的时候，配送型商业公司完全可以承接，借此弥补医院市场短板。如果自由人无处过票和挂靠，岂不是无路可走，为何能叫解放呢？个人认为，医药自由人在流通改革的大环境下，应该积极考虑转型的问题，在度过那个靠投机获利的时间段后，应该重新规划。自由人的出路众多，比如进入第三方物流企业，弥补除物流以外的其他短板；做医药信息服务，熟知医院与商业的需求和痛点；在药品零加成和药占比强制要求下，药房托管需求迫切，这也是机会。

（2）流通商业洗牌，工业成本大战。

商务部的报告预测，“十三五”期间，全国范围将产生超大型医药企业集团和一大批全国性、区域性大型骨干药品流通企业，且通过全国中小企业股份转让系统挂牌融资的药品流通企业明显增多，药品流通行业集中度进一步提高。为个人代理商提供专职过票功能的商业公司在两票制全国硬性要求下被迫出局，部分没有底气的商业公司主动注销。

一方面，手中握有大产品的代理商不会主动放弃，成本大企业的子公司保住自己的根据地；另一方面，在诸侯割据的商业背景下，很多公司会组建集团公司，从而由多一票变为内部调拨。商业是逐利的，尤其是普药，量大而毛利低。每一次普药的升级都伴随着毛利空间的萎缩。两票制最大的改变就是高开转向工业，而预付款和返款的时间间隔给商业渠道和代理商带来很大的资金占用成本。所以，两票制可能干掉一批毛利很低的大普药，相反，毛利率略高的次普药会一跃完成置换。如果从传统的7%～15%、15%～30%来划分为两档，显然20～30个毛利点的产品将占据上风。站在采购的思维角度下，第一档能够保本打平就不错了，主要靠第二档来完成毛利支撑。所以，处于第二档的产品促销策略就非常清晰，快速置换第一档。

（3）临床向零售转移，基层市场逐渐升温。

迫于两票制的影响，一部分产品由临床转移到零售是现实问题，虽然处方外流不太容易实现。但是，众多无法接受两票制的产品转战OTC渠道是唯一出路，临床与零售的界限明显，一种是客情+学术，一种是客情+市场+学术，临床代表补齐市场短板迫在眉睫。这个时候OTC的培训团队喜上眉梢，因为业务量增长明显。在分级诊疗带动下，基层市场患者流回暖，从事基药配送和纯销推广的公司获得稳定的业务增长。同时，基层公司为了扩展规模会吸纳基层终端控销团队进入公司平台，从而发展小型连锁开发零售市场，同时向单店与诊所渗透。在产品铺天盖地和信息泛滥的时代，基层推广的方式将由以前的单品主打转为产品组合，再到按病种推广疗法，嫁接产品完成销售。

（4）大型商业向上游伸手，投资收购成为共同取向。

对于上游工业来讲，商业最大的优势就是配送网络和终端掌控，而工业唯一的筹码就是产品。在终端为王的时代，商业可以以量换价，并向工业贴牌代工，从而追求更高的毛利。工业变革调整动荡期间，商业寻机向买进工业下手，完成供应链条的一体化，从而巩固自己的区域地位。尤其是在化学药一致性评价袭来，筛选有价值的文号完成投资，共享未来的市场蛋糕。而在中药逐步推动源头标准的大趋势下，商业依托资源优势，进行中药流通布局也是战略选择。

（5）第三方推广组织也将面临洗牌。

由于两票制的推行，突然涌现出的 CSO 公司打破了宁静，一夜之间，销售外包、解决票据问题成为共同需求。大量的代理公司带上 CSO 的名片，提供健全的调研、会议等票据处理服务，就是换了个名头的过票公司，就是假 CSO。

专业的品类运营商将促成对整个病症和治疗方案的深入研究，打通上下游的整个链条，成为某领域最专业的团队。所以，当 CSO 的功能不是解决财务问题的时候，就该洗牌了。

五、医药终端利益重新分配

按照市场容量大小划分出的医药终端依次是公立医院、零售药店、民营诊所，主要通过开展医疗服务、药品差价和其他活动依法获得经济利益。在新医改的推进过程中，政策环境发生变化，消费者的消费诉求不断升级，医药终端的获利模式与利润分配方式正在发生变化。这种变化带给代理商的就是转型和调整，重新找到契合点提供产品和服务。从历史经验来看，抓大放小，大家习惯性盯着最主要的创收点进行抢夺，当终端的模式发生变化的时候，势必迎来新的解决方案，而代理商作为服务提供方，需要在萌芽期和发展期同终端一起开辟新路径，共同发展。

随着医改的推进，传统药品的比重日益下降，医院、医生、医保，三个核心元素的变化促使药品产业链的利益格局重新优化。如表9－3所示。

表 9－3 药品产业链的利益格局重新优化

终端	收入组成部分	变化
公立医院	1. 医疗收入（挂号、检查、治疗、护理、康复） 2. 药品收入（原 15% 加成） 3. 其他收入（培训、救护等） 4. 财政补贴（国家投资及业务补贴）	1. 取消药品加成，医院收入失衡，暗返与拖款波及上游 2. 考核药占比、医保支付价设置天花板，药品使用受限 3. 分级诊疗带动患者流进入基层医院，基层医院重新焕发活力
零售药店	1. 经营产品收入（药品、器械、消健食等零售产品） 2. 固定资产变价收入（场地租赁等） 3. 其他收入（上柜费、赞助费、培训费等）	1. 场地成本与人工成本日益高涨，对高毛利产品的追求日益强烈 2. 为了吸引客流而扩充品类，对广告品与临床产品促销，为了提高收益，首推贴牌与独家品规 3. 对上游企业提出更严格的渠道保护要求，细分后的 KA 连锁渠道形成特色
民营诊所	1. 医疗收入（治疗费） 2. 药品收入（经营药品收入）	1. 限制输液造成的盈利点损失，多元化经营来弥补收入，绿色疗法普遍盛行 2. 上下游衍生产品的经营会成为诊所未来的新盈利点

（1）消费端不断升级。

医药行业，是相对独立和隐蔽的行业，外界熟知的，也只是媒体爆出的只言片语。一方面，长期背着负面名声的医药代表，所谓黑幕；另一方面，长期承担巨大压力的医生。在零售和基层市场，商业化气息很浓，大家看待零售店跟商超零售品一样，很多人都抱着一种想法：推荐的一定不能买。

（2）消费者的认知能力不断提升，信息透明化加速。

互联网改变消费观，各种信息汇聚且获知便捷，让消费者的医药消费具备了预准备功能。即使在医师处方后，也会出现消费者询证的情况，对诊疗环境、方法、药物属性的认知与日俱增。此外，患者群体之间的交流也非常方便。虽然公立医院依托先天优势资源吸客能力最强，但是实际与预期体验感的落差，让消费者的重复购买信息产生了疑虑。于是，随着名医、专家的多点执业和民营医院的诱导带动，部分患者流开始转移。零售市场更是如此，药店运营，客流量的重要程度世人皆知，零售药店更是在药品需求和体验感及专业指导上大下功夫。

（3）电商争夺，线上热销品渠道转移。

线上拼价格，一些品牌产品的爆款产品在线上的销量非常大，器械和健食产品，消费者线上购买意向很强，一定程度上降低了实体店的购买频率。一些常用的慢病药物，线上活动力度远大于实体，所以囤积和购买意向比较强。

（4）健康管理意识与重塑消费升温。

人体健康管理的重要一环——体检逐年升温，专业从事体检的医疗机构从营销的角度把职业健康检查放大到亲情与友情的赠送，甚至作为福利的形式推送给企业和单位。预防意识与日俱增，治未病的观念逐步深入。此外，医美行业也随着消费水平的提升而获得青睐，医疗美容与附加的用品需求增加。

（5）线上问诊，成为城市快节奏生活者的首选。

以最便捷的方式获得专业诊断是都市快节奏生活者，尤其是白领们的首选方式。以青年人为主的社群，乐于接受新事物，且以常见轻症为主，线上轻决策的方式容易获得认知。

健康无价，但是在消费多元选择的条件下，购买途径存在多选方式，对比产生落差，从而促使上游服务提供商追逐消费取向。

第十章
新环境下医药人的转型之路

一、医药代表的转型之路

医药代表负责药品推广工作，在20世纪80年代末，外资企业进入中国市场，出现了以负责药品与临床医生对接的职业。由于该岗位需要专业知识才能正常沟通，因此很多医生转行进入医药代表行列。他们用最熟悉的语言和在熟悉的环境中为昔日的同事做产品的推荐和医学信息的推送。在推广模式上，主要靠专业媒体广告、继续医学学习、循证医学组织、KOL集群建设、科研课题开展、学术会议营销及适应症拓展等。这个时候，医药代表是非常受人崇拜的职业。

随着大量仿制药进入，作为价格设定标准的是药品招标制度，由政府主导，而实际进行采购和使用的却是医院。为实现弯道超车，各种商业化手段应运到药品销售中，于是逐渐有了在医院带金销售等方式。医药代表开始上了各种黑名单，成为推高药价的“主要因素”。虽然医药代表这个职业在中国已经存在多年，并得到了快速发展，但是一直没有合理的职业身份，直到《中华人民共和国职业分类大典（2015年版）》（简称《大典》）正式出版发行。《大典》把“医药代表”纳入新职业，并定义为“代表药品生产企业，从事药品信息传递、沟通、反馈的专业人员”，医药代表的职业得以确认。

1. 医药代表的职能

新的职业《大典》对医药代表工作内容的界定是：

- 制定医药产品推广计划和方案。
- 向医务人员传递医药产品相关信息。
- 协助医务人员合理用药。
- 收集、反馈药品临床使用情况。

其内容强调了医药代表在药物使用方面的专业地位，淡化了销售属性。在废除“以药补医”的大趋势下，医药代表的“新定义”更加符合政策导向。

2. 医药代表工作现状

（1）没有正式定位，以销售为核心。

很多做药的人都从事过医药代表的职业，据业内老前辈讲述的他们从医生转型成为医药代表的故事，最早一批进入中国的外资企业，纯学术路线，收入是医生的数倍，后来转作代理，使用了最管用的营销手法，有各种公关和费用支持。他们描述当年辉煌时依旧神采飞扬，可以想象那个黄金时代的辉煌程度。当竞争加剧，医改指向利益链的同时，对于医药代表的要求又要回到当年那种学术路线的时候，非学术的代表怎么办？半学术的代表怎么办？

我们压根儿就没有把医药代表定位到技术咨询上，学术的部分必须存在，学术推广有医学经理，产品推广有产品经理，医药代表就是销售，就是承担销售指标。改造比建造更难，改变这种错综复杂的利益关系更难。一个新代表第一天入职学习，我们并未考虑他的职业规划和经验积累，只是灌输了产品和利益分配，似乎这是营销的核心点。当然，现实中也确实有效。当代表习惯了天天在科室嘘寒问暖，夜访、家访，送水果、订午餐，打扫卫生和笑脸相陪，提及产品的时候，医生会笑一笑：放心，我们会开的。当代表看到销量增长而兴奋的时候，这些是医生的需求，但不是职业的诉求。

（2）核心技能不明确，以客情技能为主。

传统意义上的代表成长路径在近两年发生了重大变化，完成了原始积累的老代表们可以若无其事，但是大量的刚刚入行的代表，不得不重新审视自己的定位和职业发展。代表本身需要熟悉品类的所有内涵，包括竞品，这是你的技术能力。客情维护也很重要，这是社会能力。如果走专业路线，就需要技术为王，利用现有的专家资源努力学习。如果走社会路线，随时准备转型或转行，利用好为期不久的当下氛围，积极准备退路。数百万代表队伍庞大，随着整个医药产品利润缩水的台风压进，难以容纳如此庞大的开销。一部分人的退出势在必行，医药代表的重新定位和发展依然摆在众人面前。

3. 医药代表可能的转型路径

随着医药市场院内形势恶化，销售遭遇瓶颈后，管理成本增加。从节流的角度出发，裁员是一个很好的办法，符合追逐利润最大化的企业目的。外企被裁掉的代表们寻找新的工作岗位，除了去其他熟悉的领域接着做代表外，还有其他可能创造奇迹的职业。

（1）去内资企业的同类产品线做产品经理。

国内企业以做仿制药为主，本身就是在和外企产品竞争，力在挖掘，除了做等效性、药物经济性，外资的代表对竞品的熟悉程度非常高。此外，多年来在外资企业的强大学术平台积累了相应的专家资源。既熟悉产品又熟悉销售，同时还有专家资源辅助，这样在国内企业也可以顺风顺水。

（2）加盟第三方推广公司。

处方药市场院内销售面对日趋严格的准入和合规壁垒，成本不断攀升。在成本管理非常关键、生存空间有限的情况下，第三方外包模式闪现。药企考虑将自己的营销系统外包，由外界来完成自己的产品出厂后的整个销售过程。作为第三方的切入点，CSO 公司在一定程度上可以寻找最佳节点贯通整个产业链。所以，CSO 公司在一定时间段会高速发展，这样提供了职业机会，非常适合有专业背景的医药代表。

（3）进入医药信息服务平台。

互联网改变了生活，大数据时代，信息传递快速、精准，颠覆了传统低效率的一对一模式，现代的医药信息服务平台会直接介入医生的日常工作。所以，这给熟悉医生工作及处方思维的代表提供了工作平台。此外，也可以做帮助代理商进行产品及行业数据支持的第三方媒体平台。

（4）为专家做技术推广。

国家推进医药分家、分级诊疗，在一定程度上促进了医学服务的快速推广和基层市场的发展，代表可以帮助专家将技术大包推广，从而创造推广过程的增值价值。

（5）代表可以进军医院快餐行业。

医护人员的工作是高强度的，快餐几乎是必需品，科室会的工作餐也提供了机会，35 元/份的标配几乎是雷同的。代表圈子很容易形成一个联合体，在固定的几个医院启动定点快餐配送的业务，极有可能成为一个新职业。

（6）微商大健康行业。

药企大健康做得风生水起，几大健康城面世后，不仅仅是功能食品与饮料，妇女、儿童等特殊人群的健康管理都可以纳入大健康领域。微商大健康，应用微商的传播模式和圈子群体，本身具有便利的医院资源，权威性和专业性占据绝对优势。

二、医药自然人的转型生存方式

不论是在医院市场还是零售市场，都有一些个体人员不属于任何企业，凭借个人资源进行产品销售，获取差价或者佣金。这些人被称为自然人。常见的有临床推广的小包商，还有基层市场的县总们，这些人通过过票公司或者配送公司完成产品流，其他环节均由个人完成和掌控。因此，相对独立，只是与商业渠道保持合作关系。

1. 医药自然人的前世今生

药品从最初的供不应求到供过于求，存在上下游信息不对称、配送不健全等多种制约，自由人应运而生，很多是由当地县药材公司及药品批发站转型的个体户，通过从大商业调货买卖，然后由整化零分解到每个终端，解决了最后一公里的问题。自然人实现了信息流和物流的传递，也拿到了中间相对不透明的利润。随着深度和广度的扩张，自然人组建了队伍，有的成了代理商小老板，有的收购了公司向正规队伍靠拢。随着医药流通渠道的整顿及两票制的推行，以前提供高开职能的过票商业而今没有了存在价值。以前可以无票流通，现在却必须公对公打款，没有商业平台已经无法存活，因此自然人开始向商业靠拢，有虚拟挂职的，有协议合作的，有成立部门独立核算的。即使你的终端可以无票，但是你的上游必须带票。因此，现在想存活，必须有商业可挂靠。

2. 医药自然人的价值

（1）自然人最大的资源就是客户资源、客情关系，这是所有工商业都看重的，因为最终的处方权和渠道流通权在他们手里。他们的活跃带来的是直接的商业价值。

（2）自然人不受规则的约束，套路颇多，这种贴合市场的操作方式活跃了市场。

（3）自然人解决了应急配送的问题，正常商业配送都是固定时间段或者固定起步量，效率最大化，而自由人可以按照轻重缓急完成自由配送。

3. 医药自然人的困境

药品流通检查的目的是合规，一是保障药品的质量安全，进行可追溯检查；二是减少流通环节，降低药价。

（1）两票制和频繁的飞检，不断淘汰一些中小商业，诚如前期舆论所言，流通检查直接导致大量的不合规经营商业消失，纯过票公司被淘汰了。

（2）如果是挂靠公司的大客户，商业风险的第一承接人就是作为大客户的自然人，巨额的罚款或者关门，使自然人蒙受巨大损失。

（3）大量小商业对飞检的恐惧和被查，会直接影响所谓的基层控销体系，采用个人大包式的也就是大量的个人挂靠，风险随之到来。

（4）临床两票制后，工业高开：一是税点；二是返费周期。商业过票也是如此，面临返款周期、大量的票据、财务处理能力等问题。

（5）一旦挂靠公司出问题，直接影响就是货怎么办、回款怎么办，也是钱。

（6）基层终端运作赊销严重，自由人个体资金垫付能力有限，商业垫资成为重要考虑因素。

（7）控销大包式的操作，第一个考核的就是现款购进的能力。

4. 自然人的多种出路

目前工业的流程稳定，票货的问题基本合规，商业处于半合规状态，终端不好一概而论，地区差异非常明显。自由人的生存状态，也恰恰就是守着终端，因此自由人的心理状态也代表着终端的状态。流通大检查，对于临床自由人来讲，唯一的麻烦就是只能老老实实地让工业高开，如果放到商业，返款可能出现风险。而基层终端和零售自由人，则会再次迷茫。

对于自由人来讲，吃饭的手艺就是与终端的客情关系和自己的勤奋。政策收紧，合规的要求在一定程度上限制了他们的发展，压缩了他们原有的预期利益。如果按照资源划分，自由人这个角色还很重要，不能消失。

另一个就是自由人进工业的问题。工业最缺少的还是自营推广的难度，成本太高，无法维持。而招商的致命弱点，就是被总代绑架。个人认为，自由人应该考虑向工业靠拢，而不单单是四处选择挂靠商业，同时开若干户头抵御风险。

自由人的经营应该适当调整，很多做药的自由人经历过黄金时代，也算致富了，前提是粗放管理和行业快速增长。而今，显然是在收缩。因此，应该考虑向保健食品、器械、新疗法及相关服务配套等方面转型。

（1）自由人走出迷茫，需要新思维。

- 剩者为王。医药行业走向规范，两票制和营改增在打击过票公司和过票商人。总之，靠药吃饭的人在不断减少，必须有信心生存下来，毕竟掌握着第一手的终端资源，剩者为王。

• 选对产品。控销产品本身都是普药，就是需要从常用药上做文章，基础量大，接受度高，产品流转速度快，动销信心坚定，铺货容易。解热镇痛、抗感染、肠胃泌尿、妇幼专科，最起码覆盖三类，基层零售的产出率不能跟医院比，所以不应该划分太细。

• 选好团队。都说团队很重要，除了用利益维系，还需要有精神支撑，领头人必须带着县总们不断尝试新事物，让他们充满希望。

• 用好工具。控销有一个秘密武器，就是动销。终端动销的深度一定要直接到消费者，最大限度地调动店员的积极性，让店员成为你的代言人，提升体验感和参与度才是动销的根本。

（2）自由人获得新生，需要新平台。

打破传统的瓶颈，就需要创新，或者重新组合，或者颠覆重来，以往的控销都是一级对一级的现款买货，个人风险很大。而今，在规范操作的情况下，需要有商业配送平台来完成票流和物流，由控销团队完成推广和维护工作。着手寻找和建立新平台可以思考：

• 跨省组建联盟，以地总和县总为核心队伍组建控销团队，作为第三方销售外包的选择。接受工业提供的产品和学术服务，完成产品推广和终端维护工作，获得佣金。

• 临床代理商扩编，主营临床代理的医药商业公司为了规避风险都要开拓终端和零售业务，这些商业的特点是有资金、有学术能力，而恰恰在零售和基层上有弱点。如果控销团队加盟，就是资源互补。

（3）自由人成就自我，呼吁新模式。

模式必须系统化，具备可操作性，模式的出发点就是客户需求，一切围绕需求。县总的特点就是守土作战，稳定扩大。所以，最根本的需求是消费者能够获得安全有效的产品，且经济适用。零售商需要实现客流稳定、利润持续；县总们则是需要营造区域内的个人品牌和影响力，他们需要与客户共同进步。

模式创新的要素：产品有力、平台合规、分工明确、分配合理、销售持续、体验满意、供需同步。

（4）自由人可以向上下游靠拢。

- 实现由商业挂靠向工业挂靠改变，一部分有队伍、有一定实力的自然人完全可以进入工业销售梯队，完成第一票。而生产企业也渴望低用人成本的推广队伍进入，摆脱渠道商业的控制。

- 自然人在流通合规的大环境下，唯一可释放的能量就是用好自己的终端和客情，需求是多方面的，对客户的供给由药品转化为其他产品或服务也未尝不可。

- 尝试进入外企的县乡队伍或者寻求国字号大商业合作，安全系数比较高，前提是能接受严苛的管理和烦琐的流程。

我们探讨自由人的价值，有终端，有未来。工业和商业同时面临的问题就是终端纯销，而自由人恰恰就是解决这个问题的。常规来看，自由人以商业业务人员的身份介入销售即可，也就是所谓的挂靠。这种挂靠关系对双方都有利，但前提是如何选择商业，如果松散型的商业早晚面临被查收的风险，国字头的商业是否会接纳这么多自由人呢？此外，还有商业为自由人垫资的问题，这些大商业公司能否解决？这些都需要甄别思考。从商业上看，这些大公司在拼命扩张地盘的时候吃掉的那些地县公司，有几个能够完全摆脱以往的惯性管理？因此，自由人职业规划需要守住根据地，进行资源转化。

第十一章
拥抱大健康：全生命周期健康管理

大健康产业是围绕人的生命周期进行产业布局的，涉及各类与健康相关的信息、产品和服务，也涉及各类组织为了满足社会的健康需求所采取的行动。大健康的概念属于国内特色，用简单通俗的方式表达就是做人的全生命周期管理。与健康和生命关联最密切的就是医药行业。因此，大健康的理念最早被传导到医药行业，尤其是在制药企业苦苦求索转型机会的时候，最早涉足了饮品和日化行业，其中不乏成功者。对于大健康的理解，我们可以在图 11－1 中直观地看到其中的脉络，从人的孕育到死亡，一生中对于健康的追求是永恒的。因此，对生命周期全过程的需求进行梳理完成机会细分和服务满足是大健康理念中与医药行业密切相关的。大健康思维下，医药代理商可以重新进行资源组合，在细分市场中找到机会。

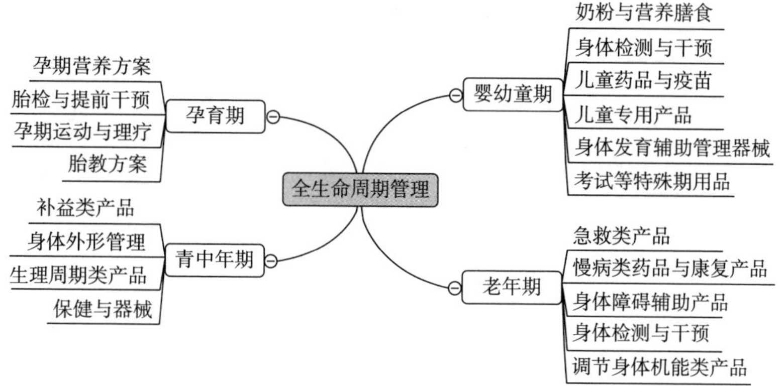

图 11－1　全生命周期管理

一、干预意识提升，检测行业扩容，细分市场的新机会

防患于未然，是对未来可能发生的事情进行提前控制，人的身体机能会受先天遗传基因的作用和后天环境的影响，而提前进行干预是最好的控制方法。因此，随着经济水平的提高，检测行业发展速度很快，尤其是近几年体检管理中心的发展非常迅速。体检，是指通过医学手段和方法对受检者进行检查，了解受检者的健康状况、早期发现疾病和健康隐患的诊疗行为。体检宽度增加，由常规检查向综合性健康管理，以及个性化和定制化方向发展。综合性检查，是对客户身体健康状况进行全面监测、分析和预防。诸如基因检测，就是通过基因检测准确地告诉客户，未来某个生命时段是否存在患某种疾病的风险，给客户预警，以便及早采取有效的预防措施。此外，由于个体差异，年龄、性别、家族多发病史、既往病史和体检危险因子等都可能是致病因素。因此，这些因素都应当被纳入体检方案设计。体检行业的发展，带动了设备与器械耗材的市场扩容，同时患者数量增加，更大范围的人群进入了治疗及药品消费群体。

近年来，第三方体检中心的落地，极大地带动了体检和前期健康干预产业的发展。一方面，体检意识教育和预知渴求程度不断被强化；另一方面，远低于医院检查项目的费用套餐和优越的体验感增强了更多人

群的信任和口碑互传。营销传播在一定程度上利用了大家对病患的恐惧感，不断提倡早预防、早治疗的理念，同时通过相应社群进行活动宣传、免费检测、情感关怀、节假日促销优惠等，甚至捆绑疗养度假项目与养生体验等。很大程度上满足了一部分具备消费能力的潜在客群，尤其是老年人，在群体氛围的带动下，热衷参与此类项目。

对于医药职业人士来讲，完全可以利用自身熟悉的环境锁定目标群体，从身体全面管理的初始检查开始，做预防干预及相应适应症产品的操作。

（1）将体检项目与对应疾病科类进行匹配，精准发掘患者群资源，进行医院资源对接。

从产业链人群分布看，理论上应该是从体检、治疗到康复为人群数递减的状态。由于经济水平和消费力有限，同时自我干预意识不足，以至于治疗成为相对庞大人群。随着前端检查的普及，以及职业人群的强制检测要求和干预意识的不断提高，体检模块的蓬勃发展使得更多的人群获得预知信息，从而完成前期干预，提高健康质量。

（2）使用体检数据资源，为产品营销提供分析支持。

疾病发展趋势、区域差异、年龄结构，均可以为相应产品的发展潜力提供数据支持。此外，产品传播及销售渠道的设计需要对精准的患者群进行分析，从而选择最便捷的途径完成产品到消费的对接。比如某区域胃溃疡发病率高，可能与饮食习惯有密切关系，这个时候针对已患人群的对应治疗产品的传播覆盖，以及预防和缓解前期症状的产品也可以寻机切入，为难以改变生活习惯的人群提供对应的消费产品。做产品分析时，需要对产品属性进行剖析并明确市场定位，届时需要锁定患者群，而此类数据就可以提供支持。

（3）延伸家用器械与耗材的配套销售，同时加强可穿戴设备的推广。

家用器械和理疗工具的消费源于康复人群的使用，以及检测后危险人群的自我信息需求，最普遍的就是慢病患者的自我检查及康复人群的自我矫正使用。同时，包括正常人群健康管理中使用的各种可穿戴设备、指标检测与数据监控，这恰恰与医药行业密切相关。因此，转型交集最接近。

（4）有助于将检查、诊断、治疗、康复、健康管理进行分模块管理，同时可以对接数据，将产业链进行延伸，扩展增值空间。

从现状看，我国医疗资源匹配不均衡、供需严重失衡、分级诊疗推动基层首诊、双向转诊及慢病康复在基层等政策的实施，主要困难在于诊疗端的大量患者聚集大医院，而基层机构又缺患者，历史原因导致配置差、服务差等。而大健康产业被唤醒，也带来了前端与后端多模块的发展，一定程度上缓解了医疗诊疗资源的压力，有助于产业板块均衡发展，对健康管理实现有效的过程覆盖。

（5）检测行业发展，推进设备与配套耗材的使用，提高需求量。

从整个医药产业链的产值看，药品占据主要地位，其他子行业占比很少。随着检测行业的发展，医疗设备与配套耗材的相应增长为行业带来生机。

二、细分领域的小专科市场，有巨大的增值空间

竞争是大部分代理商极力规避的，但是常规市场与产品的竞争是难以避免的，多次细分后的市场空间较小，大多数人会忽略，而且比较浮躁，不愿意培养和开发，只是习惯性地进行拦截获取。实际上，很多产品在细分市场上定位清晰，反而走得更远，比如在儿科市场中的细分领域，或者按照身体部位划分后的专科产品。众所周知的几个大专科，补益、减肥塑身等，由于多年的市场教育已经非常成熟。但是，消费盲从与滥用现象也非常严重，以至于忠诚度不高，消费偏好无法稳定。因为前期的市场教育和氛围营造只是为了点燃需求，创造潜在客群，并没有真正解决问题。而此时应该将消费群体细分，市场教育转而对症对应，进行身体检测后的数据指标，提高使用科学性和有效性。虽然总纳入人数减少，但是忠诚度提升了，认知稳定性高，且具备持续增值的能力。

按照社会分工的原理，资源合理配置的需求是从事自己最擅长的环节，不断提高效率并降低成本。对于医药代理商来说，未来最重要的价值就是产品营销能力，而产品本身取决于自身的判断力和资源匹配度。对于大健康的分析就是生命周期的管理，我们基于对产品和客户的生命周期管理，从所服务对象的管理入手，找到细分领域、明确定位、找准分工段，从预测到诊断、发生、干预、解决，再到重新预测，完成

闭环。

（1）小专科产品的设计需要充分考虑疾病预防与治理的整个过程。对于已经存在相应产品销售的企业来讲，一方面，向前端衍生；另一方面，向后端延伸。

举例说明：我们的核心产品是某鼻炎治疗药物，那么衍生产品就是对鼻炎的全过程管理。一是鼻炎发病的可能人群的筛分；二是使用辅助产品预防工具（鼻腔清洗器）；三是辅助检测工具的使用（鼻炎诊断）；四是对可能发病人群的干预（健消卫或器械）；五是对发病人群的治疗（药物）直到康复，并提供复发预防的方案。

（2）小专科产品需要医院带动和诊所教育同时启动。

医院与诊所分别属于两条不同的线路，可以用高端与低端来形容，医院的特点是不缺患者，医院的功能是流水作业为患者进行诊疗，患者来自五湖四海，有空间距离。诊所的特点是缺少患者，诊所的功能是为街坊邻居等近距离空间覆盖人群提供基础疾病的诊疗服务。同时，为了生存，需要不断吸纳患者流进入诊所。因此，小专科产品在医院的作用只是一个工具，对适应症进行缓解和治疗。而在诊所市场却是一个项目，专科项目不仅仅可以提供治疗，还可以吸引患者。医院与诊所同时启动，可以形成信任共鸣，完成患者资源的下沉和导流。

（3）专科市场的发展可以快速激发。

从现状看，专科医疗市场被民营医院占据较多，专科市场的潜力早已被发掘。在专科市场运营中，被众人看好的儿科、妇科与慢病科属于大众形态，而在儿科市场中当前发展较快的儿科诊所倍受关注。首先，从消费心理及消费能力上看，这三种投入最多且为轻决策。儿童专科的发展已经突破常规的营养保健与预防治疗，目前多种儿童专用款产品不断爆红，有促进身高增长、智力发育、缓解电子产品危害的保护设备，规避环境污染的各种器械等。而妇科市场最突出的不是药品，而是医疗美容模块成为消费热点，各种配套产品纷纷推向市场，对传统美容化妆产品带来冲击。此外，慢病专科带来的增长主要在食品行业，无糖低脂排酸等产品在细分市场表现突出。

（4）专科方向发展需要安全有效的产品支撑。

快速膨胀的过程就是野蛮生长，大量的虚假宣传和无效产品充斥市场，过分的营销活动带来很多不良影响。实际上，在大健康推动下的专科市场应该由医药行业接纳，以制药的精益水准提供保障。医药行业有得天独厚的优势，那就是健康理论资源的发端地——医院，有专业的支撑。专科类产品的代言和传播，可以考虑嫁接医生自媒体，让专家的提倡和专业指导快速落地。

三、老龄化趋近，健康市场需求释放，购买力放大

老龄化社会，老年病管理的问题，大量的慢病人群不断拓展市场空间。随着消费能力增强，老年人的预防、检查、治疗、恢复、保健等需求不断被激发，且市场持续扩大。此外，分级诊疗后，大量的慢病康复功能下沉到基层，而基层医院长期以来休眠的状态突然被激活，基层市场代理商需要快速补上缺口，提前布局站位。而今，家庭用小型器械已经普及，增长明显，身体管理意识增强，配套服务亟待提高。

常规情况下，需求的满足停留在表面，同时不断扩展宽度，比如讲求覆盖率和现有份额的划分率。但是，在供需失衡和客户掌控能力相当的时候，竞争乏力，竞争对手之间都认为客户的需求被充分瓜分，于是进入忧虑状态。这个时候，需要考虑的是客户的可购买力有多大？购买力如何分配？也就是说，如何让你的衍生产品和服务更多地占用客户（消费者）的注意力和资源。当你的产品更多频次地与客户发生互动的时候，你的黏性就越来越强。因此，延伸和补充产品结构的时候，首先应该分析客户需求和可购买力的分配，然后再选择相应的产品，使其成为对方的盈利工具或者习惯性消费品。

（1）老龄化带来了社会负担，也带来了商机，受益最大的无疑是医药健康行业。

老年群体的健康产品和服务消费是最大的，显然健康产品定位老龄群体具备了足够庞大的消费人群。老年消费人群除了正常慢病产品和慢病食品需求外，还有大量的老年专用生活用品的需求。激发老年人需求向消费转化的动力一方面是健康概念的传播；另一方面，是对其子女的情感营销氛围的营造。

（2）老龄产品的营销需求增加互动与建议反馈。

互动是增强客户黏性的最好方式，老年人最大的需求就是情感寄托，还有经济性习惯、足够的人生阅历。因此，此类产品的推广方式一定要简单而击中要害，也就是需求最强烈的痛点。反复参与互动交流，牢牢绑定目标群的消费习惯，形成反复教育。老年人的社群交流比较活跃，良好的体验感与服务过程是老年人最愿意表达的，因此体验感传播形成口碑效应是很容易达成的。

（3）老龄群体的消费潜力可以转嫁挖掘。

老龄群体的健康管理数据与其子女交互对接，在正常消费前提下，促进他人进行非价格敏感型消费的可能性较大。不同群体的消费观念存在较大差异，合理迎合其消费特点完成不同产品的导入。

（4）老龄产品团购活动的开展。

基于社群口碑营销的特点，在老龄群体中开展团购活动非常有效。常见的团购活动以单位工会配合组织，开展单位内部节日礼惠活动，比如义诊、免费检测、免费赠送体验品等活动，也有活动赞助等。

举例说明：一个销售液体钙的企业赞助广场舞比赛，因为该产品刚刚完成连锁进店铺货，急需获得销售认可。该产品成本为每瓶 18 元，连锁铺货价格每瓶 35 元，店员激励每瓶 10 元，零售价每瓶 118 元。如表 11 - 1 所示。

表 11－1 活动组织与预算支出

活动组织与预算支出	活动结果
1. 赞助广场舞比赛的 T 恤与活动条幅、海报、背景墙喷绘布。（T 恤费用：20 元×1500 人＝30000 元；条幅 15 元×30 条＝450 元；海报 0.8 元×3000 份＝2400 元；背景墙 18 元×80 平方米＝1440 元）活动材料支出总计 34290 元 2. 销售活动代金券及奖品支出（代金券发放 1500 张，参与者均有，金额总计 75000 元，此代金券支出为零售方让渡毛利产生。此外，设置奖品为健康礼包，为厂方支出，为液体钙大礼包，合计支出按照底价折算为 6000 元） 3. 细则：所赞助材料均有液体钙的大幅广告植入，参与者均可获得代金券，金额为 30～50 元，随机发放。前三名获奖团体分别获得健康礼包 4. 体验者安排发言，利用广场舞活动人群需要补钙的需求，由广场舞参与者现身说法，营造消费氛围	1. 活动支出：厂方支出为 40290 元，（不含活动人员费用），零售方为合作经销商，两家大型连锁药店，让渡每瓶 50 元的毛利用于客流任务，代金券仅限于本品销售 2. 活动期间代金券转单率为 65%，零售方让渡毛利润 26250 元，完成客流覆盖 975 人（不含获奖人群 90 人） 3. 两家连锁共计销售出货 2925 瓶（一盒两瓶） 4. 由于活动拉动，店员获得奖励 29250 元，完成部分转单店员的激励任务。连锁采购备货共计 12000 瓶 5. 本次广告活动即时费销比为 60%，铺货费销比为 16%

（5）老龄产品消费分解，提高购买力。

大部分老年人属于价格敏感性消费者，一是经历、习惯；二是参照标准；三是较多的医药消费支出负担。常规的化解方式为化整为零，按照日均消费进行分解。此外，设定平均消费水平与可支出标准进行对照，并进行整体分解，按照分解到的比例，尽可能提高消费群体的购买力。

四、全员参与营销过程

从某种程度上讲，营销活动就是传播过程，影响传播的因素众多。因此，全员赋能参与传播是一个重要环节。自媒体时代的社群影响和个性化识别颠覆了传统传播的意识，渗透和持续价值输送需要全员参与。营销不再是销售团队实现客户购买的手段，而是全体参与互动的动态过程，因为大健康可以与任何人进行关联和互动。从大健康产品的发展态势看，更多的食械产品正在一步步采用会员制消费的直销模式。新的社群形成，越来越多的产品正在导入社群，而圈子传播和体验影响恰恰促成了消费团单与固定渠道。全员参与正在逐步颠覆传统的售卖渠道，最起码传播影响的利益转化正在集中。

虽然专业品类受到监管和固定渠道流转的约束，但是消费人群的认知改变将是彻底的营销渗透。因此，全员参与是新的利益分割和重新分配的起点。

（1）颠覆传统销售模型，需要固定的通路和场所进行买卖活动。

在去中间化的模式下，电商与微商带动了虚拟化店铺的运作，极大地降低了中间成本。此外，参与者的门槛降低，将更多的人群纳入销售链条，完成新的价值分割。比如传统的药妆从生产企业到消费者需要经过代理商、分销商、药店等。如今，生产企业的微商队伍和电商平台直接面向消费群体，消费群体可以成为代言人，按照折扣拿到产品，还可以通过分享拉动其他消费并获得一定比例的佣金。

（2）消费个性化与社群特征明显，消费与销售处于交融状态。

之所以进行消费群体细分，是为了获得更精准的客群，吸引客户的注意力。通常大家被动接受信息，不断忍受各种外来信息，随着社交平台的发展，人们可以更多地晒出自己。体验与分享不断带给客户自我愉悦，这种愉悦带给产品供应商的却是免费的传播和广告带动。广告商为了鼓励更多的人加入此行列，不断地给予激励。因此，供应商既是消费者又是销售者。

（3）全员参与营销的趋势促使重新分配价值。

营销是发现、创造并传递价值以达成市场目标，获取利益的过程。在营销过程中，传统的各司其职的做法正在发生变化，因为不同角色被激发出新的势能，能够完成价值传播和转化。以前的教师只是传道授业解惑，现在教师有了个人品牌影响，能够吸引众多的学习参与者，带来利益增长。生产者能够表达出更精湛的工艺特点，赢得消费认知，设计者能够展现出更加便利的使用功效和设计初衷，改变了原有的认知。供应商发现，全员参与营销降低了销售成本，提升了整体业绩；零售商发现，全员参与营销能获得更多的客流，服务质量大幅提升。全员参与营销使得价值分配渗透到每一个节点，这个价值是额外增值的价值，是随着销售增值而增长的。

结　语

五年的功课——新医药人接力

发展进步的过程伴随着新旧思维的更替，也伴随着新老医药人的接力，按照人的社会生命周期，第一代成功的医药代理商已经进入衰退期，也就是药二代接班大幕开启了。

重新登上舞台的年轻一代有“80 后”，也有“90 后”，这是一个时代经常提及的年轻人的符号。有人说，工作中很现实的问题就是需要讨好年轻人。姑且不说各种版本的对年轻人的定义如何，年龄最大的“80 后”已然奔四，人到中年。因此，新医药人应该成为医药价值链上的主角。

诚然，随之崭露头角的不仅仅是有了成功资源积淀的医药第二代企业家，还有无数的年轻的医药从业者，青年人终究要走得更远一些，这是时代的标志。新医药人无论是否做好准备，终究会被推到台前，因为有竞争就有淘汰。所以，想要顺利登台，就要接受挑战。

一、新医药人，准备好了吗

1. 有没有小目标

想想若干年前自己的阶段性目标是否已经达成？如果把人生划分阶段，我们已经在过渡期了，过渡期的最大特点是需要稳定和飞跃。因为时间已经不允许拿来挥霍。

2. 会哪些技能

最大的悲哀是连自己的工作岗位职能和工作流程都说不明白，中年人应该具备熟练的工作技能和相当的业务水平。

3. 有何种心态

不以物喜不以己悲，太难达到，浮躁和焦虑依然伴随着我们。年轻人的冲动可以理解，血气方刚，中年人的躁动只能说没有涵养。看过工作与生活，也就是情感和利益的错综纠葛，还能有什么撩动心扉的东西。

4. 积攒了哪些资源

人脉和人缘，你有哪些？资源就是财富，资源可以视为自己具备别人不具备的东西，而且可以达成利益交换。

5. 能不能理解上一代和接纳下一代

理解是基于换位思考的，这种理解便于促进交流沟通，获取资源。接纳是融入，能否在一个频道上沟通？消费潜力的贡献是上一代为下一代服务的，学会讨好年轻人，就找到了客户需求的基本点。你懂年轻人的内心世界，就能掌握目前的发展脉络。此外，医药行业服务的特殊性决定了它的消费群体更多是老年人，如何读懂老年人的消费需求和社会认知是策略的关键。

6. 是否可以从零开始

如果让你突然一无所有，你能快速崛起吗？也就是有生存的技能吗？很多人会认为有，如果去试试，那就不好说了。

二、新医药人要面对一个急速变化的市场

1. 掌握政策，读懂变革

历史上最频繁的关于医药改革的政策就是最近几年推出的，解决顽疾非一日可行，从制药业到流通端、使用端的改革变化让很多人恐慌，因为传统的方法越来越不奏效。洗牌，不是现在进行时，而是永远进行时，最终的思考落脚点是迎合消费需求，符合政策法规。

2. 看清发展曲线，做好规划

事物有周期，发展有曲线。市场在哪里？有人就有市场，消费升级、市场变化，实际上就是人的变化，市场该概括了人的一切特征。有的企业经过十年积累终于看到红利，恒瑞成为新一代国产创新药的标志企业。有的企业瞄准了供需关系，把小品种做成大文章。谁都没有想到，靠着公众号等自媒体内容，几个小团体居然风生水起，成为行业舆论的意见领袖。当下的利润在透支过去的积累，更重要的是透支后快速获得下一个机会。

3. 积累力量，巩固资源

最大的资源实际上是人和钱，讲人就会谈到社群，社群是基于社会关系的一个社交链接。当然，与医药代理关联的社群有三个：一是团队组织；二是合作伙伴；三是消费群体，这些就是力量。

三、新医药人如何看待市场机会

市场很大，虽然有竞争，但是处处有新机会。因为越是有供需矛盾的时候，变化越快；变化越快，机会越多。

1. 免费的时代正在终结，服务付费兴起

医药行业有人喊出没有利润哪来服务的说法，在流量为王的时代，类似于医药行业的渠道为王，谁获得了流量就获得了天下。为了扩张渠道，无节制地赊销、铺货、低价挂网、以次充好、过度夸张炒作等。当信息透明和快捷获取的时候，一切成为过去，冲动决策减少，体验付费出现。对于渠道分销商和终端商来说，产品吸引力日趋下降，而服务盈利方式才是最终比拼的目标。

2. 新医药代理商不仅仅是卖药

有人称自己为卖药的、做药的，本身没错。但是，很多人会有感触，利润越来越低，而且客户忠诚度很低，维系成本太高。实际上，我们看到的是医药产业链中的价值在不断后移，卖药只是表面的物体转移，医药金融和供应链、生产链升级改造、医药数据库才是利润的源泉。卖药仅仅是一个工具动作，要持续保持客户的活跃度、黏性。

3. 放弃广度，持续做深度

规模效应曾经是一代人追逐的目标，有规模就有渠道控制力、成本优势、行业话语权。但是规模的背后需要越来越高的成本，尤其是转型的机会成本。在市场多次细分的基础上，进行小专科门类的深度挖掘，极有可能快速成长为这一门类的专家企业。细分是基于需求进行的，千万不能出现产品的真实消费人群不是你描述的。

4. 谁是真正的客户

医药产品中的常规客户是病患人群，后来扩充了潜在病患人群，现在已经扩展为所有人群，因为大家对健康的追求是一致的。之所以是客户，因为你能满足他的某些需求，客户包括上游供应商、下游分销商，也包括消费群体，甚至包括你的员工。不同的发展阶段，客户策略的侧重点不一样。

创新是医药行业不断前进的动力，对于医药代理商而言，主要是思维创新、模式创新和行动创新。新医药人逐步成为接棒者，他们用新的思考方式和业务模式继续推动行业发展，因为年轻，所以走得更远。

对于传统代理招商模式来讲，还有一段时间的调整期，毕竟经济发展水平千差万别，最后的五年，只是代表时间紧迫性的阶段，因为留给你的时间真的不多了。

5. 未来五年营销的落脚点是什么

产品的竞争源于“同质化”，尤其是仿制药，我们认为的同质化是产品通用名一样、作用功效一样，唯一不一样的可能是包装、渠道、定价等。但是药品的本质是治疗，药品营销的落脚点是改变医生和消费者的认知，学术传播和患者教育工作是重点。此外，还有一个很少提倡的观点，就是浪费品放大量。随着物质宽裕带来的消费水平提高，物质欲望快速释放，然后得到快速满足，接着就是快速更换，产品的使用周期在缩短，认知品牌的周期也在缩短。伴随购买能力提高的是大量的浪费，尤其是 OTC 品类与健食类产品，浪费品也是销量，也就是消费者的消费力过度开发。未来营销的落脚点，简单总结就是通过传播教育改变认知。

医药代理商常用的术语解释

（1）两票制：是指药品从药厂卖到一级经销商开一次发票，经销商卖到医院再开一次发票，总计两票，改变传统的多次倒手，减少中间环节。

（2）营改增：2016 年 5 月 1 日起，全面推开营改增试点，将建筑业、房地产业、金融业、生活服务业纳入试点范围。营改增最大的特点是所有经营的费用、成本都可以取得进项税以抵扣销项税，减少重复纳税，有利于企业降低税负。增值税改革后，企业都进入同一增值税系统，可追溯性强。

（3）一致性评价：仿制药与原研药（参比制剂）的治疗等效，包括药学等效和生物等效。

（4）三保合一：三保合一是我国“新医改”的重要内容之一，“三保”即城镇职工基本医疗保险、城镇居民基本医疗保险和新型农村合作医疗（简称三保），是我国基本医疗保险的三项子制度，目前该三项子制度统一由国家医疗保障局管理。

（5）“双信封”：“双信封”评标法是指投标人将投标报价和工程量清单单独密封在一个报价信封中，其他商务和技术文件密封在另一个信封中，分两次开标的评标方法。药品“双信封”招标特点为先按照经济技术标评比得分，然后再进行价格拼比得分，最后综合比分。

（6）药品挂网采购：主要是指药品生产企业通过网上采购信息平台，在招标办公室制定的限价范围内报价，高价者淘汰，低价者按价格由低至高确定入围药品品种，再由生产企业通过信息平台与医院签订供货合同。

（7）“三明模式”：强化了行政管制，同时明确了财政和医保各自的支出责任。财政的支出责任只有对公立医院的硬件投入（基本建设和大型设备购置等）和院长的薪资。三明市实行三类医保基金全市统筹，并实施了门诊统筹和单病种付费等改革。全市统筹和财政部门管理医保经办是三明医改特色，此外严格控制药品流通环节和医生的处方权限。

（8）医保控费：社保规定医院把疾病分类，然后根据疾病的轻重程度，分为几个阶梯金额给予医保报销。

所谓单病种付费模式，是指通过统一的疾病诊断分类，科学地制定出每一种疾病的定额偿付标准（这个标准接近合情、合理、合法的医疗成本消耗）。简而言之，就是明确规定某一种疾病该花多少钱，从而既避免了医疗单位滥用医疗服务项目、重复项目和分解项目，防止医院小病大治，又保证了医疗服务质量，而且操作十分简便。

按人头付费（Capitation）：根据医院服务的医疗保险对象的人数和每人的偿付定额标准，预先支付一笔固定费用。

总额预算制：医疗保险机构通过对服务地区的综合考察和测算，按照与医院协商确定的以年度预算总额为最高限度的支付医疗费用的方式。

DRGs 付费：DRGs（Diagnosis Related Groups）中文翻译为（疾病）

诊断相关分类，它根据病人的年龄、性别、住院天数、临床诊断、病症、手术、疾病严重程度、合并症与并发症及转归等因素把病人归入500～600个诊断相关组，然后决定应该给医院多少补偿。

（9）药占比：就是病人看病的过程中，买药的花费占总花费的比例。

（10）“分级诊疗”：就是要按照疾病的轻、重、缓、急及治疗的难易程度进行分级，不同级别的医疗机构承担不同疾病的治疗工作，实现基层首诊和双向转诊。坚持科学就医、方便群众、提高效率，完善双向转诊程序，建立健全转诊指导目录，重点畅通慢性期、恢复期患者向下转诊渠道，逐步实现不同级别、不同类别医疗机构之间的有序转诊。

（11）“GPO”：药品集团采购（Group Purchasing Organization，简称“GPO”）是国际通行的医院药品采购模式，强调全过程公开透明的运行机制。在“阳光平台”的框架下，“GPO”挤出的药价水分让利给患者。同时优化药品供应链，实现医疗机构内部物流与药品企业外部物流整合，提高药品物流配送效率。上海市药品集团采购工作将在5家三级医院和6个区县全面实施，“GPO”采购的第一批药品（抗微生物药）目录于3月份正式上网发布。具体做法是，由医疗机构与药品生产经营企业、医药“GPO”建立谈判机制，在供应协议中明确药品实际供应量与降价幅度的挂钩系数，确保实现“量价挂钩”。

（12）“带量采购”：在招标采购过程中增加了对采购数量的约定，使中标价格和采购数量紧密联系起来。这种方式不再单纯以价格作为评价标准，以前单靠价格取胜的企业不再具有竞争优势。实力较强的企业可以根据所要供应的品种数量，组织批量生产与规模销售，通过量的提升来降低生产经营成本，合理降低投标价格，同时凭借其供应能力和产品质量上的优势，更有可能在竞争中取胜。

（13）扣率：是指批发价的百分比。即药品批发价的折扣，如 20 扣就是批发价的 20%。进医院的一种药品批发价是 10 元，如扣率是 80 扣，则进院价：$10 \times 80\% = 8$ 元。

（14）“统方”：医生开具处方后，信息到达药房，医生的处方被药房收下后要被统计保留。根据药房人员对处方的统计得到每个月、每个医生实际开出多少处方，然后某些代表按照这些数据给医生临床费。

（15）临床费：药品上市后，需要相关领域医生的支持，并继续研究和观察，针对合适患者进行推广应用中间所需要的费用，给临床医生处方的回扣就叫临床费。

（16）“限方”：医院对医生所开的每一张处方进行最高限量，最高不超过多少金额。其中，规定检查费占多少比例？药品占多少比例？

（17）KOL：关键意见领袖（Key Opinion Leader，简称 KOL）通常被定义为：拥有更多、更准确的产品信息，且被相关群体接受或信任，并对该群体的购买行为有较大影响力的人。在医药销售中，主要指在某一领域有话语权的权威专家，或者某治疗领域内比较有说服力的知名人物，或者有一定职务级别的人。

（18）“枪手”：处方上量快的医生，且能够起到关键作用的人，有枪手医生、枪手店员等说法。

（19）跑方：医生开了处方药，但病人没有去医院药房取药，可能通过其他途径购买，或者未购买，但医生按开的处方量统计，这就叫跑方。

（20）过票：是指一些没有药品经营资质，但掌握销售渠道和药品来源的自然人，通过挂靠合法药品经营企业，在支付一定额度的税款或管理费之后，将自身药品经营行为“正当”化的活动，其本质是无证经营者使用有证企业的票据的药品经营活动。

（21）高开：指在正常出厂价格基础上发票高开出来的金额，一般情况下，高开部分扣税后返还。

（22）临床与 OTC：常说的临床和 OTC 分别指在医院销售和在药店、诊所销售。

（23）控销：是在基层市场比较流行的三级管控的做法，表现形式为控价格、控渠道、控终端，借此保障各级利润并合理分配。

（24）围标：指几个投标人相互约定，一致抬高或压低投标报价进行投标，通过限制竞争排挤其他投标人，使某个利益相关者中标，从而谋取利益的手段和行为。常见的表现形式为一个代理商协调几个生产厂家，保证一个或者几个企业分规格或者分产品投标，保障中标率和中标价。

（25）勾标：产品中标以后，需要医院在中标目录里勾选使用，才能纳入医院的使用目录。

（26）底价大包：药品生产厂家设定一个最低出厂价，也就是所谓的底价供货，产品出厂后的招投标、开发、促销工作全部由代理商完成。

（27）自由人：无正式工作单位，但从事医药销售和服务的人，经常以个人代理挂靠医药公司。

推荐作者得新书！

博瑞森征稿启事

亲爱的读者朋友：

感谢您选择了博瑞森图书！希望您手中的这本书能给您带来实实在在的帮助！

博瑞森一直致力于发掘好作者、好内容，希望能把您最需要的思想、方法，一字一句地交到您手中，成为管理知识与管理实践的桥梁。

但是我们也知道，有很多深入企业一线、经验丰富、乐于分享的优秀专家，或者忙于实战没时间，或者缺少专业的写作指导和便捷的出版途径，只能茫然以待……

还有很多在竞争大潮中坚守的企业，有着异常宝贵的实践经验和独特的洞察，但缺少专业的记录和整理者，无法让企业的经验和故事被更多的人了解、学习……

对读者而言，这些都太遗憾了！

博瑞森非常希望能将这些埋藏的“宝藏”发掘出来，贡献给广大读者，让更多的人从中受益。

所以，我们真心地邀请您，我们的老读者，帮我们搜寻：

推荐作者

可以是您自己或您的朋友，只要对本土管理有实践、有思考；可以是您通过网络、杂志、书籍或其他途径了解的某位专家，不管名气大小，只要他的思想和方法曾让您深受启发。

可以是管理类作品，也可以超出管理，各类优秀的社科作品或学术作品。

推荐企业

可以是您自己所在的企业，或者是您熟悉的某家企业，其创业过程、运营经历、产品研发、机制创新，等等。无论企业大小，只要乐于分享、有值得借鉴书写之处。

总之，好内容就是一切！

博瑞森绝非“自费出书”，出版费用完全由我们承担。您推荐的作者或企业案例一经采用，我们会立刻向您赠送书币 1000 元，可直接换取任何博瑞森图书的纸书或电子书。

感谢您对本土管理原创、博瑞森图书的支持！

1120 本土管理实践与创新论坛

这是由 100 多位本土管理专家联合创立的企业管理实践学术交流组织,旨在孵化本土管理思想、促进企业管理实践、加强专家间交流与协作。

论坛每年集中力量办好两件大事:第一,“**出一本书**”,汇聚一年的思考和实践,把最原创、最前沿、最实战的内容集结成册,贡献给读者;第二,“**办一次会**”,每年 11 月 20 日本土管理专家们汇聚一堂,碰撞思想、研讨案例、交流切磋、回馈社会。

论坛理事名单(以年龄为序,以示传承之意)

企业案例·老板传记			
	书名．作者	内容/特色	读者价值
企业案例·老板传记	**你不知道的加多宝:原市场部高管讲述** 曲宗恺　牛玮娜　著	前加多宝高管解读加多宝	全景式解读,原汁原味
	借力咨询:德邦成长背后的秘密 官同良　王祥伍　著	讲述德邦是如何借助咨询公司的力量进行自身与发展的	来自德邦内部的第一线资料,真实、珍贵,令人受益匪浅
	娃哈哈区域标杆:豫北市场营销实录 罗宏文　赵晓萌　等著	本书从区域的角度来写娃哈哈河南分公司豫北市场是怎么进行区域市场营销,成为娃哈哈全国第一大市场、全国增量第一高市场的一些操作方法	参考性、指导性,一线真实资料
	六个核桃凭什么:从0过100亿 张学军　著	首部全面揭秘养元六个核桃裂变式成长的巨著	学习优秀企业的成长路径,了解其背后的理论体系
	像六个核桃一样:打造畅销品的36个简明法则 王　超　范　萍　著	本书分上下两篇:包括“六个核桃”的营销战略历程和36条畅销法则	知名企业的战略历程极具参考价值,36条法则提供操作方法
	解决方案营销实战案例 刘祖轲　著	用10个真案例讲明白什么是工业品的解决方案式营销,实战、实用	有干货、真正操作过的才能写得出来
	招招见销量的营销常识 刘文新　著	如何让每一个营销动作都直指销量	适合中小企业,看了就能用
	我们的营销真案例 联纵智达研究院　著	五芳斋粽子从区域到全国/诺贝尔瓷砖门店销量提升/利豪家具出口转内销/汤臣倍健的营销模式	选择的案例都很有代表性,实在、实操!
	中国营销战实录:令人拍案叫绝的营销真案例 联纵智达　著	51个案例,42家企业,38万字,18年,累计2000余人次参与……	最真实的营销案例,全是一线记录,开阔眼界
	双剑破局:沈坤营销策划案例集 沈　坤　著	双剑公司多年来的精选案例解析集,阐述了项目策划中每一个营销策略的诞生过程,策划角度和方法	一线真实案例,与众不同的策划角度令人拍案叫绝、受益匪浅
	宗:一位制造业企业家的思考 杨　涛　著	1993年创业,引领企业平稳发展20多年,分享独到的心得体会	难得的一本老板分享经验的书
	简单思考:AMT咨询创始人自述 孔祥云　著	著名咨询公司(AMT)的CEO创业历程中点点滴滴的经验与思考	每一位咨询人,每一位创业者和管理经营者,都值得一读
	边干边学做老板 黄中强　著	创业20多年的老板,有经验、能写、又愿意分享,这样的书很少	处处共鸣,帮助中小企业老板少走弯路
	三四线城市超市如何快速成长:解密甘雨亭 IBMG国际商业管理集团　著	国内外标杆企业的经验+本土实践量化数据+操作步骤、方法	通俗易懂,行业经验丰富,宝贵的行业量化数据,关键思路和步骤
	中国首家未来超市:解密安徽乐城 IBMG国际商业管理集团　著	本书深入挖掘了安徽乐城超市的试验案例,为零售企业未来的发展提供了一条可借鉴之路	通俗易懂,行业经验丰富,宝贵的行业量化数据,关键思路和步骤

互联网+			
	书名．作者	内容/特色	读者价值
互联网+	**新营销** 刘春雄　著	新营销的新框架体系是场景是产品逻辑,IP是品牌逻辑,社群是连接逻辑,传播是营销逻辑	助力品牌商实现由传统营销到新营销的理念和行动的跨越,助力企业打赢升级转型之仗
	企业微信营销全指导 孙　巍　著	专门给企业看到的微信营销书,手把手教企业从小白到微信营销专家	企业想学微信营销现在还不晚,两眼一抹黑也不怕,有这本书就够

续表

互联网+	**企业网络营销这样做才对:B2B大宗B2C** 张　进　著	简单直白拿来就用,各种窍门信手拈来,企业网络营销不麻烦也不用再头疼,一般人不告诉他	B2B、大宗B2C企业有福了,看了就能学会网络营销
	互联网时代的银行转型 韩友诚　著	以大量案例形式为读者全面展示和分析了银行的互联网金融转型应对之道	结合本土银行转型发展案例的书籍
	正在发生的转型升级·实践 本土管理实践与创新论坛　著	企业在快速变革期所展现出的管理变革新成果、新方法、新案例	重点突出对于未来企业管理相关领域的趋势研判
	触发需求:互联网新营销样本·水产 何足奇　著	传统产业都在苦闷中挣扎前行,本书通过鲜活的案例告诉你如何以需求链整合供应链,从而把大家熟知的传统行业打碎了重构、重做一遍	全是干货,值得细读学习,并且作者的理论已经经过了他亲自操刀的实践检验,效果惊人,就在书中全景展示
	移动互联新玩法:未来商业的格局和趋势 史贤龙　著	传统商业、电商、移动互联,三个世界并存,这种新格局的玩法一定要懂	看清热点的本质,把握行业先机,一本书搞定移动互联网
	微商生意经:真实再现33个成功案例操作全程 伏泓霖　罗晓慧　著	本书为33个真实案例,分享案例主人公在做微商过程中的经验教训	案例真实,有借鉴意义
	阿里巴巴实战运营——14招玩转诚信通 聂志新　著	本书主要介绍阿里巴巴诚信通的十四个基本推广操作,从而帮助使用诚信通的用户及企业更好地提升业绩	基本操作,很多可以边学边用,简单易学
	阿里巴巴实战运营2:诚信通热卖技巧 聂嵘海　著	诚信通TOP商家赚钱的密码箱,手把手教你操作,拿来就用	图文并茂,内容齐全,直接可以对照使用
	抖音营销如何做:未来抖商 刘大贺　著	解密从0到1亿粉丝的实操路径,深度剖析抖音营销全系统策略	企业做抖音营销的第一书
	微商团队长:从入门到精通 罗品牌　著	由浅入深,涵盖微商团队长必学技能的方方面面	只要照着做,就能当好微商团队长
	互联网精准营销 蒋　军　著	怎么在互联网时代整体策划、包装品牌和产品,并在此基础上为企业设计商业模式,技术实现并运营落地	为有基础的小微企业(大企业的新项目)1年实现销售额过亿,2年对接资本,3年左右准IPO
	今后这样做品牌:移动互联时代的品牌营销策略 蒋　军　著	与移动互联紧密结合,告诉你老方法还能不能用,新方法怎么用	今后这样做品牌就对了
	互联网+"变"与"不变":本土管理实践与创新论坛集萃·2016 本土管理实践与创新论坛　著	本土管理领域正在产生自己独特的理论和模式,尤其在移动互联时代,有很多新课题需要本土专家们一起研究	帮助读者拓宽眼界、突破思维
	创造增量市场:传统企业互联网转型之道 刘红明　著	传统企业需要用互联网思维去创造增量,而不是用电子商务去转移传统业务的存量	教你怎么在"互联网+"的海洋中创造实实在在的增量
	重生战略:移动互联网和大数据时代的转型法则 沈　拓　著	在移动互联网和大数据时代,传统企业转型如同生命体打算与再造,称之为"重生战略"	帮助企业认清移动互联网环境下的变化和应对之道
	画出公司的互联网进化路线图:用互联网思维重塑产品、客户和价值 李　蓓　著	18个问题帮助企业一步步梳理出互联网转型思路	思路清晰、案例丰富,非常有启发性
	7个转变,让公司3年胜出 李　蓓　著	消费者主权时代,企业该怎么办	这就是互联网思维,老板有能这样想,肯定倒不了
	跳出同质思维,从跟随到领先 郭　剑　著	66个精彩案例剖析,帮助老板突破行业长期思维惯性	做企业竟然有这么多玩法,开眼界

续表

行业类:零售、白酒、食品/快消品、农业、医药、建材家居等			
	书名．作者	内容/特色	读者价值
零售·超市·餐饮·服装	**总部有多强大,门店就能走多远** IBMG 国际商业管理集团　著	如何把总部做强,成为门店的坚实后盾	了解总部建设的方法与经验
	超市卖场定价策略与品类管理 IBMG 国际商业管理集团　著	超市定价策略与品类管理实操案例和方法	拿来就能用的理论和工具
	连锁零售企业招聘与培训破解之道 IBMG 国际商业管理集团　著	围绕零售企业组织架构、培训体系建设等内容进行深刻探讨	破解人才发现和培养瓶颈的关键点
	中国首家未来超市:解密安徽乐城 IBMG 国际商业管理集团　著	介绍了乐城作为中国首家未来超市从无到有的传奇经历	了解新型零售超市的运作方式及管理特色
	三四线城市超市如何快速成长:解密甘雨亭 IBMG 国际商业管理集团　著	揭秘一家三四线连锁超市的经验策略	不但可以欣赏它的优点,而且可以学会它成功的方法
	新零售　新终端 迪智成咨询团队　著	梳理和提炼新零售的系统打法,将之落地在新终端建设上	让新零售这一看似形而上的商业概念有了可以落地的立足点
	新零售动作分解:建材　家居家具 盛斌子　著	第一本锁定在家居建材、家电、家装等耐用消费品领域谈新零售的书	第一本谈新零售的具体动作、策略、方法、招术的书,拿来就用
	新零售进化趋势与未来格局 李政权　著	通过业态、品类、体验、场景等,逐一呈现新零售的未来进化	就新零售未来的发展方向与进化趋势给出一个确定性的未来
	涨价也能卖到翻 村松达夫　【日】	提升客单价的 15 种实用、有效的方法	日本企业在这方面非常值得学习和借鉴
	移动互联下的超市升级 联商网专栏频道　著	深度解析超市转型升级重点	帮助零售企业把握全局、看清方向
	手把手教你做专业督导:专卖店、连锁店 熊亚柱　著	从督导的职能、作用,在工作中需要的专业技能、方法,都提供了详细的解读和训练办法,同时附有大量的表单工具	无论是店铺需要统一培训,还是个人想成为优秀的督导,有这一本就够了
	百货零售全渠道营销策略 陈继展　著	没有照本宣科、说教式的絮叨,只有笔者对行业的认知与理解,庖丁解牛式的逐项解析、展开	通俗易懂,花极少的时间快速掌握该领域的知识及趋势
	零售:把客流变成购买力 丁　昀　著	如何通过不断升级产品和体验式服务来经营客流	如何进行体验营销,国外的好经营,这方面有启发
	餐饮企业经营策略第一书 吴　坚　著	分别从产品、顾客、市场、盈利模式等几个方面,对现阶段餐饮企业的发展提出策略和思路	第一本专业的、高端的餐饮企业经营指导书
	餐饮新营销 杨　勇　程绍珊　著	在新环境下,对餐饮营销管理进行了全面深入的解读,提供了方式方法	全面性、系统性,区别于市面上的纯操作类作品
	电影院的下一个黄金十年:开发·差异化·案例 李保煜　著	对目前电影院市场存大的问题及如何解决进行了探讨与解读	多角度了解电影院运营方式及代表性案例
	赚不赚钱靠店长:从懂管理到会经营 孙彩军　著	通过生动的案例来进行剖析,注重门店管理细节方面的能力提升	帮助终端门店店长在管理门店的过程中实现经营思路的拓展与突破
耐消品	**商用车经销商运营实战** 杜建君　王朝阳　章晓青　等著	从管理到经营,从销售到服务,系统化运作全指导	为经销商经营开阔思路,掌握方法
	汽车配件这样卖:汽车后市场销售秘诀 100 条 俞士耀　著	汽配销售业务员必读,手把手教授最实用的方法,轻松得来好业绩	快速上岗,专业实效,业绩无忧

续表

耐消品	**润滑油销售:这样说这样做更有效** 张金荣　著	针对渠道、经销商、终端的超实用话术	上车看,下车用,3 分钟就能学会。
	新经销:新零售时代,教你做大商 黄润霖　著	从选址、产品、促销、团队、规模阐述新经销变与不变的市场手法和操作思路	实地拜访近 100 位经销商在传统营销手法上的创新、新营销工具的发现
	珠宝黄金新营销 崔德乾　著	营销、品牌、产品、连接、场景、社群、服务、传播、管理及产业价值链	新营销在珠宝行业的实战应用,业内必备第一书
	跟行业老手学经销商开发与管理:家电、耐消品、建材家居 黄润霖　著	全部来源于经销商管理的一线问题,作者用丰富的经验将每一个问题落实到最便捷快速的操作方法上去	书中每一个问题都是普通营销人亲口提出的,这些问题你也会遇到,作者进行的解答则精彩实用
白酒	**酒水饮料快消品餐饮渠道营销手册** 朱伟杰　著	主要针对快消品(酒水、饮料)的餐饮渠道,提供了区域、商圈、不同业态的规划和促销安排等多种工具,并提出了经销商、批发商等相关人员的管理方法	一本酒水饮料如何在餐饮渠道销售的全能手册,内容深入翔实,可以直接照搬套用,这样的便利简直千金不换
	白酒到底如何卖 赵海永　著	以市场实战为主,多层次、全方位、多角度地阐释了白酒一线市场操作的最新模式和方法,接地气	实操性强,37 个方法、6 大案例帮你成功卖酒
	变局下的白酒企业重构 杨永华　著	帮助白酒企业从产业视角看清趋势,找准位置,实现弯道超车的书	行业内企业要减少 90%,自己在什么位置,怎么做,都清楚了
	1. 白酒营销的第一本书(升级版) **2. 白酒经销商的第一本书** 唐江华　著	华泽集团湖南开口笑公司品牌部长,擅长酒类新品推广、新市场拓展	扎根一线,实战
	区域型白酒企业营销必胜法则 朱志明　著	为区域型白酒企业提供 35 条必胜法则,在竞争中赢销的葵花宝典	丰富的一线经验和深厚积累,实操实用
	10 步成功运作白酒区域市场 朱志明　著	白酒区域操盘者必备,掌握区域市场运作的战略、战术、兵法	在区域市场的攻伐防守中运筹帷幄,立于不败之地
	酒业转型大时代:微酒精选 2014–2015 微酒　主编	本书分为五个部分:当年大事件、那些酒业营销工具、微酒独立策划、业内大调查和十大经典案例	了解行业新动态、新观点,学习营销方法
快消品·食品	**中国快消品营销的这些年** 史贤龙　著	作者精华文章的合集,一本书浓缩了过去十五年,中国营销的实战历程与前沿思考	快消品营销行业的案例和方法都原汁原味呈现,在反映当时风貌的同时,展望与反思
	营销中国茶:2 小时读懂茶叶营销 史贤龙　著	从不同视角对中国的茶营销进行了思考,内容涉及中国茶产业战略困境、茶企规模化、茶品牌崛起、茶文化、茶营销、茶消费、茶零售、茶道等	内容丰富扎实,文字流畅,浓缩的都是精华,让你 2 小时读懂茶叶营销
	这样打造快消品标杆市场 罗宏文　著	帮助你解决如何成功打造标杆市场和进行持续增量管理两大问题	一套系统的方法论,通俗易懂,可以直接套用
	5 小时读懂快消品营销:中国快消品案例观察 陈海超　著	多年营销经验的一线老手把案例掰开了、揉碎了,从中得出的各种手段和方法给读者以帮助和启发	营销那些事儿的个中秘辛,求人还不一定告诉你,这本书里就有
	快消品招商的第一本书:从入门到精通 刘　雷　著	深入浅出,不说废话,有工具方法,通俗易懂	让零基础的招商新人快速学习书中最实用的招商技能,成长为骨干人才
	乳业营销第一书 侯军伟　著	对区域乳品企业生存发展关键性问题的梳理	唯一的区域乳业营销书,区域乳品企业一定要看

续表

快消品·食品	金龙鱼背后的粮油帝国 余　盛　著	讲述金龙鱼品牌及母公司丰益国际的商业冒险故事	在精彩的阅读体验中学到营销管理的方法
	食用油营销第一书 余　盛　著	10 多年油脂企业工作经验,从行业到具体实操	食用油行业第一书,当之无愧
	中国茶叶营销第一书 柏　龑　著	如何跳出茶行业“大文化小产业”的困境,作者给出了自己的观察和思考	不是传统做茶的思路,而是现在商业做茶的思路
	调味品企业八大必胜法则 张　戟　著	八大规律性的关键成功要素,背后都有本土调味品企业的成功实践	“观点阐述 + 案例描述”,行业必读
	调味品营销第一书 陈小龙　著	国内唯一一本调味品营销的书	唯一的调味品营销的书,调味品的从业者一定要看
	快消品营销人的第一本书:从入门到精通 刘　雷　伯建新　著	快消行业必读书,从入门到专业	深入细致,易学易懂
	变局下的快消品营销实战策略 杨永华　著	通胀了,成本增加,如何从被动应战变成主动的“系统战”	作者对快消品行业非常熟悉、非常实战
	快消品经销商如何快速做大 杨永华　著	本书完全从实战的角度,评述现象,解析误区,揭示原理,传授方法	为转型期的经销商提供了解决思路,指出了发展方向
	快消品营销:一位销售经理的工作心得 2 蒋　军　著	快消品、食品饮料营销的经验之谈,重点图书	来源与实战的精华总结
	快消品营销与渠道管理 谭长春　著	将快消品标杆企业渠道管理的经验和方法分享出来	可口可乐、华润的一些具体的渠道管理经验,实战
	成为优秀的快消品区域经理(升级版) 伯建新　著	用“怎么办”分析区域经理的工作关键点,增加 30% 全新内容,更贴近环境变化	可以作为区域经理的“速成催化器”
	销售轨迹:一位快消品营销总监的拼搏之路 秦国伟　著	本书讲述了一个普通销售员打拼成为跨国企业营销总监的真实奋斗历程	激励人心,给广大销售员以力量和鼓舞
	快消老手都在这样做:区域经理操盘锦囊 方　刚　著	非常接地气,全是多年沉淀下来的干货,丰富的一线经验和实操方法不可多得	在市场摸爬滚打的“老油条”,那些独家绝招妙招一般你问都是问不来的
	动销四维:全程辅导与新品上市 高继中　著	从产品、渠道、促销和新品上市详细讲解提高动销的具体方法,总结作者 18 年的快消品行业经验,方法实操	内容全面系统,方法实操
农业	饲料营销有方法:策略　案例　工具 陈石平　著	跳出饲料看饲料,根据饲料营销的关键成功要素(KSF)提出 7 大核心命题	紧跟农牧产业发展大势,提高饲料企业营销竞争力
	新农资如何换道超车 刘祖轲　等著	从农业产业化、互联网转型、行业营销与经营突破四个方面阐述如何让农资企业占领先机、提前布局	南方略专家告诉你如何应对资源浪费、生产效率低下、产能严重过剩、价格与价值严重扭曲等
	中国牧场管理实战:畜牧业、乳业必读 黄剑黎　著	本书不仅提供了来自一线的实际经验,还收入了丰富的工具文档与表单	填补空白的行业必读作品
	中小农业企业品牌战法 韩　旭　著	将中小农业企业品牌建设的方法,从理论讲到实践,具有指导性	全面把握品牌规划,传播推广,落地执行的具体措施
	农资营销实战全指导 张　博　著	农资如何向“深度营销”转型,从理论到实践进行系统剖析,经验资深	朴实、使用!不可多得的农资营销实战指导
	农产品营销第一书 胡浪球　著	从农业企业战略到市场开拓、营销、品牌、模式等	来源于实践中的思考,有启发
	变局下的农牧企业 9 大成长策略 彭志雄　著	食品安全、纵向延伸、横向联合、品牌建设……	唯一的农牧企业经营实操的书,农牧企业一定要看

续表

医药	**在中国，医药营销这样做：时代方略精选文集** 段继东　主编	专注于医药营销咨询15年，将医药营销方法的精华文章合编，深入全面	可谓医药营销领域的顶尖著作，医药界读者的必读书
	医药新营销：制药企业、医药商业企业营销模式转型 史立臣　著	医药生产企业和商业企业在新环境下如何做营销？老方法还有没有用？如何寻找新方法？新方法怎么用？本书给你答案	内容非常现实接地气，踏实谈问题说方法
	医药企业转型升级战略 史立臣　著	药企转型升级有5大途径，并给出落地步骤及风险控制方法	实操性强，有作者个人经验总结及分析
	新医改下的医药营销与团队管理 史立臣　著	探讨新医改对医药行业的系列影响和医药团队管理	帮助理清思路，有一个框架
	医药营销与处方药学术推广 马宝琳　著	如何用医学策划把“平民产品”变成“明星产品”	有真货、讲真话的作者，堪称处方药营销的经典！
	医药行业大洗牌与药企创新 林延君　沈　斌　著	一方面，围绕着变革，多角度阐述药企的应对之道；另一方面，紧扣实践，介绍近百家医药企业创新实践案例	医改变革10年，医药企业如何应对大洗牌？重磅出击的药企人必读书
	新医改了，药店就要这样开 尚　锋　著	药店经营、管理、营销全攻略	有很强的实战性和可操作性
	电商来了，实体药店如何突围 尚　锋　著	电商崛起，药店该如何突围？本书从促销、会员服务、专业性、客单价等多重角度给出了指导方向	实战攻略，拿来就能用
	OTC医药代表药店销售36计 鄢圣安　著	以《三十六计》为线，写OTC医药代表向药店销售的一些技巧与策略	案例丰富，生动真实，实操性强
	OTC医药代表药店开发与维护 鄢圣安　著	要做到一名专业的医药代表，需要做什么、准备什么、知识储备、操作技巧等	医药代表药店拜访的指导手册，手把手教你快速上手
	引爆药店成交率1：店员导购实战 范月明　著	一本书解决药店导购所有难题	情景化、真实化、实战化
	引爆药店成交率2：经营落地实战 范月明　著	最接地气的经营方法全指导	揭示了药店经营的几类关键问题
	引爆药店成交率：专业化销售解决方案 范月明　著	药品搭配分析与关联销售	为药店人专业化助力
	处方药合规推广实战宝典 赵佳震　著	推广体系搭建、推广人员岗位工作内容、推广服务外包商管理等六个方面	解决“医药代表转型”和“推广服务外包商管理”的困惑
	医药代理商实操全指导：新环境　新战法 戴文杰　著	结合医药市场政策环境解读新环境下医药招商的战法，着重分析药品产业链的盈利机会	医药销售业务人员的必备读物
	攻略基层诊所：医药营销这样做 张江民　著	对基层诊所的开发、维护和动销，拿来就用的方式方法	实战是本书的主旨，只要用心去看，就能在基层诊所市场中运用
	互联网医药的未来 动脉网　编著	介绍了互联网医药发展的现状与趋势	帮助创业者和投资人看清未来，把握当下
	处方药零售这样做 田　军　著	阐述了处方药零售的重要性，以及做处方药零售市场的具体措施和方法	系统性了解和掌握处方药零售方法
建材家居	**成为最赚钱的家具建材经销商** 李治江　著	从销售模式、产品、门店等老板们最关注和最需要的方面解决问题、提供方法	只要你是建材、家具、家居用品的经销商老板，这就是一本必读的书
	定制家居黄金十年 韩　锋　翁长华　著	梳理了定制家居的商业模式和发展情况	帮助定制家居看清方向，把握当下
	家具建材促销与引流 薛　亮　李永峰　著	十大促销模式的详细方法和工具	让你天天签大单

续表

建材家居	**家具行业操盘手** 王献永　著	家具行业问题的终结者	解决了干家具还有没有前途？为什么同城多店的家具经销商很难做大做强等问题
	建材家居营销：除了促销还能做什么 孙嘉晖　著	一线老手的深度思考，告诉你在建材家居营销模式基本停滞的今天，除了促销，营销还能怎么做	给你的想法一场革命
	建材家居营销实务 程绍珊　杨鸿贵　主编	价值营销运用到建材家居，每一步都让客户增值	有自己的系统、实战
	家居建材门店 6 力爆破 贾同领　著	合盘道出一线品牌销量秘籍	6 力招招见血，既有招数，又有策略
	建材家居门店销量提升 贾同领　著	店面选址、广告投放、推广助销、空间布局、生动展示、店面运营等	门店销量提升是一个系统工程，非常系统、实战
	10 步成为最棒的建材家居门店店长 徐伟泽　著	实际方法易学易用，让员工能够迅速成长，成为独当一面的好店长	只要坚持这样干，一定能成为好店长
	手把手帮建材家居导购业绩倍增：成为顶尖的门店店员 熊亚柱　著	生动的表现形式，让普通人也能成为优秀的导购员，让门店业绩长红	读着有趣，用着简单，一本在手、业绩无忧
	建材家居经销商实战 42 章经 王庆云　著	告诉经销商：老板怎么当、团队怎么带、生意怎么做	忠言逆耳，看着不舒服就对了，实战总结，用一招半式就值了
工业品	**销售是门专业活：B2B、工业品** 陆和平　著	销售流程就应该跟着客户的采购流程和关注点的变化向前推进，将一个完整的销售过程分成十个阶段，提供具体方法	销售不是请客吃饭拉关系，是个专业的活计！方法在手，走遍天下不愁
	解决方案营销实战案例 刘祖轲　著	用 10 个真案例讲明白什么是工业品的解决方案式营销，实战、实用	有干货、真正操作过的才能写得出来
	变局下的工业品企业 7 大机遇 叶敦明　著	产业链条的整合机会、盈利模式的复制机会、营销红利的机会、工业服务商转型机会……	工业品企业还可以这样做，思维大突破
	工业品市场部实战全指导 杜　忠　著	工业品市场部经理工作内容全指导	系统、全面、有理论、有方法，帮助工业品市场部经理更快提升专业能力
	工业品营销管理实务 李洪道　著	中国特色工业品营销体系的全面深化、工业品营销管理体系优化升级	工具更实战，案例更鲜活，内容更深化
	工业品企业如何做品牌 张东利　著	为工业品企业提供最全面的品牌建设思路	有策略、有方法、有思路、有工具
	丁兴良讲工业 4.0 丁兴良　著	没有枯燥的理论和说教，用朴实直白的语言告诉你工业 4.0 的全貌	工业 4.0 是什么？本书告诉你答案
	资深大客户经理：策略准，执行狠 叶敦明　著	从业务开发、发起攻势、关系培育、职业成长四个方面，详述了大客户营销的精髓	满满的全是干货
	两化融合管理系统贯标流程与方法 戴　勇　张华杰　张百荣　编著	全面梳理贯标流程和方法	帮助企业成功贯标
	一切为了订单：订单驱动下的工业品营销实战 唐道明　著	其实，所有的企业都在围绕着两个字在开展全部的经营和管理工作，那就是“订单”	开发订单、满足订单、扩大订单。本书全是实操方法，字字珠玑、句句干货，教你获得营销的胜利
金融	**交易心理分析** (美)马克·道格拉斯　著 刘真如　译	作者一语道破赢家的思考方式，并提供了具体的训练方法	不愧是投资心理的第一书，绝对经典
	精品银行管理之道 崔海鹏　何　屹　主编	中小银行转型的实战经验总结	中小银行的教材很多，实战类的书很少，可以看看

续表

金融	支付战争 Eric M. Jackson 著 徐彬 王晓 译	PayPal 创业期营销官，亲身讲述 PayPal 从诞生到壮大到成功出售的整个历史	激烈、有趣的内幕商战故事！了解美国支付市场的风云巨变
金融	中外并购名著专业阅读指南 叶兴平 等著	在 5000 多本并购类图书中精选的 200 著作，在阅读的基础上写的读书评价	精挑细选 200 本并一一评介，省去读者挑选的烦恼，快捷、高效
金融	新三板信息披露全流程：操作与工具 和玠科技 著	详细拆解董秘日常工作过程中所需的信息披露流程	董秘案头必备用书
金融	成功并购 300 本：一本书搞定并购难题 浩德军师并购联盟 著	从财务，税务，法律等角度详细解答疑问	能解决 80% 的并购问题
金融	互联网时代的银行转型 韩友诚 著	以大量案例形式为读者全面展示和分析了银行的互联网金融转型应对之道	结合本土银行转型发展案例的书籍
房地产	产业园区/产业地产规划、招商、运营实战 阎立忠 著	目前中国第一本系统解读产业园区和产业地产建设运营的实战宝典	从认知、策划、招商到运营全面了解地产策划
房地产	人文商业地产策划 戴欣明 著	城市与商业地产战略定位的关键是不可复制性，要发现独一无二的“味道”	突破千城一面的策划困局
房地产	中国城市群房地产投资策略 吕俊博 著	全方位、多角度分析城市群房地产现状是趋势	让亿元资产投资更理性、更安全
房地产	电影院的下一个黄金十年：开发·差异化·案例 李保煜 著	对目前电影院市场存大的问题及如何解决进行了探讨与解读	多角度了解电影院运营方式及代表性案例
能源	全能型班组：城市能源互联网与电力班组升级 国网天津市电力公司 编著	借鉴国内外优秀企业的转型升级思路，通过对于新型班组组织模式和运行机制的大胆设想，力图构建充分适应内外环境变化的全能型班组	看看庞大的国企在新环境下是如何顺应时代的
能源	国网天津电力全能型班组建设实务 国网天津市电力公司 编著	本书聚焦于天津电力公司在探索全能型班组转型升级时的优秀实践	电力行业的班组实践，具体、可操作性强

经营类：企业如何赚钱，如何抓机会，如何突破，如何“开源”

	书名．作者	内容/特色	读者价值
抓方向	让经营回归简单．升级版 宋新宇 著	化繁为简抓住经营本质：战略、客户、产品、员工、成长	经典，做企业就这几个关键点！
抓方向	混沌与秩序Ⅰ：变革时代企业领先之道 混沌与秩序Ⅱ：变革时代管理新思维 彭剑锋 尚艳玲 主编	汇集华夏基石专家团队 10 年来研究成果，集中选择了其中的精华文章编纂成册	作者都是既有深厚理论积淀又有实践经验的重磅专家，为中国企业和企业家的未来提出了高屋建瓴的观点
抓方向	活系统：跟任正非学当老板 孙行健 尹贤 著	以任正非的独到视角，教企业老板如何经营公司	看透公司经营本质，激活企业活力
抓方向	重构：快消品企业重生之道 杨永华 著	从 7 个角度，帮助企业实现系统性的改造	提供转型思想与方法，值得参考
抓方向	公司由小到大要过哪些坎 卢强 著	老板手里的一张“企业成长路线图”	现在我在哪儿，未来还要走哪些路，都清楚了
抓方向	企业二次创业成功路线图 夏惊鸣 著	企业曾经抓住机会成功了，但下一步该怎么办？	企业怎样获得第二次成功，心里有个大框架了
抓方向	老板经理人双赢之道 陈明 著	经理人怎养选平台、怎么开局，老板怎样选/育/用/留	老板生闷气，经理人牢骚大，这次知道该怎么办了

续表

抓方向	**简单思考:AMT 咨询创始人自述** 孔祥云　著	著名咨询公司(AMT)的 CEO 创业历程中点点滴滴的经验与思考	每一位咨询人,每一位创业者和管理经营者,都值得一读
	企业文化的逻辑 王祥伍　黄健江　著	为什么企业绩效如此不同,解开绩效背后的文化密码	少有的深刻,有品质,读起来很流畅
	使命驱动企业成长 高可为　著	钱能让一个人今天努力,使命能让一群人长期努力	对于想做事业的人,'使命'是绕不过去的
思维突破	**盈利原本就这么简单** 高可为　著	从财务的角度揭示企业盈利的秘密	多方面解读商业模式与盈利的关系,通俗易懂,受益匪浅
	经营:打造你的盈利系统 高可为　著	从盈利角度梳理了系统化的经营方式	让企业掌舵者把控经营全局
	创模式:23 个行业创新案例 段传敏　著	23 位行业精英的创新对话	创业者、转型者的实战参考
	企业良性成长:用顶层设计突破瓶颈 刘建兆　著	全方位介绍企业顶层设计的方法和思路	帮助企业用顶层设计突破成长瓶颈
	移动互联新玩法:未来商业的格局和趋势 史贤龙　著	传统商业、电商、移动互联,三个世界并存,这种新格局的玩法一定要懂	看清热点的本质,把握行业先机,一本书搞定移动互联网
	画出公司的互联网进化路线图:用互联网思维重塑产品、客户和价值 李　蓓　著	18 个问题帮助企业一步步梳理出互联网转型思路	思路清晰、案例丰富,非常有启发性
	重生战略:移动互联网和大数据时代的转型法则 沈　拓　著	在移动互联网和大数据时代,传统企业转型如同生命体打算与再造,称之为"重生战略"	帮助企业认清移动互联网环境下的变化和应对之道
	创造增量市场:传统企业互联网转型之道 刘红明　著	传统企业需要用互联网思维去创造增量,而不是用电子商务去转移传统业务的存量	教你怎么在"互联网+"的海洋中创造实实在在的增量
	7 个转变,让公司 3 年胜出 李　蓓　著	消费者主权时代,企业该怎么办	这就是互联网思维,老板有能这样想,肯定倒不了
	跳出同质思维,从跟随到领先 郭　剑　著	66 个精彩案例剖析,帮助老板突破行业长期思维惯性	做企业竟然有这么多玩法,开眼界
	互联网+"变"与"不变":本土管理实践与创新论坛集萃·2016 本土管理实践与创新论坛　著	加速本土管理思想的孕育诞生,促进本土管理创新成果更好地服务企业、贡献社会	各个作者本年度最新思想,帮助读者拓宽眼界、突破思维
	消费升级:实践　研究(文集) 本土管理实践与创新论坛　著	38 位管理专家及 7 位学者的精华思想,从经营、管理、行业及思想研究四个方面阐述中国企业在消费升级下的实践与研究	思想启发,行业借鉴
财务	**写给企业家的公司与家庭财务规划——从创业成功到富足退休** 周荣辉　著	本书以企业的发展周期为主线,写各阶段企业与企业主家庭的财务规划	为读者处理人生各阶段企业与家庭的财务问题提供建议及方法,让家庭成员真正享受财富带来的益处
	互联网时代的成本观 程　翔　著	本书结合互联网时代提出了成本的多维观,揭示了多维组合成本的互联网精神和大数据特征,论述了其产生背景、实现思路和应用价值	在传统成本观下为盈利的业务,在新环境下也许就成为亏损业务。帮助管理者从新的角度来看待成本,进一步做好精益管理

续表

财务	财报背后的投资机会 蒋　豹　著	以具体的公司案例分析，教你迅速看出财务报表与企业经营的关系、所反映的企业经营现状，从而找到投资机会	前四大会计所员工为读者解密财报，发现投资机会
管理类：效率如何提升，如何实现经营目标，如何“节流”			
书名．作者		内容/特色	读者价值
通用管理	让管理回归简单·升级版 宋新宇　著	从目标、组织、决策、授权、人才和老板自己层面教你怎样做管理	帮助管理抓住管理的要害，让管理变得简单
	让经营回归简单·升级版 宋新宇　著	从战略、客户、产品、员工、成长、经营者自身等七个方面，归纳总结出简单有效的经营法则	总结出的真正优秀企业的成功之道：简单
	让用人回归简单 宋新宇　著	从用人的原则、用人的难题与误区、用人的方法和用人者的修炼四大方面，总结出适合中小企业做好人才管理工作的法则	帮助管理者抓住用人的要害，让用人变得简单
	历史深处的管理智慧1：组织建设与用人之道 刘文瑞　著	对历史之典故、政事、人事、政制进行管理解析，鉴照企业人才的选用育留	推动理论与实践的对接，实现理性与情感的渗透，用中国话语说明管理智慧
	历史深处的管理智慧2：战略决策与经营运作 刘文瑞　著	对历史之典故、政事、人事、政制进行管理解析，鉴照企业战略设计与经营实践	推动理论与实践的对接，实现理性与情感的渗透，用中国话语说明管理智慧
	历史深处的管理智慧3：领导修炼与文化素养 刘文瑞　著	对历史之典故、政事、人事、政制进行管理解析，鉴照企业领导职业能力提升与文化修养	推动理论与实践的对接，实现理性与情感的渗透，用中国话语说明管理智慧
	管理的尺度 刘文瑞　著	对管理中的种种普遍性问题进行了批评	提高把握管理尺度的能力
	管理学在中国 刘文瑞　著	系统性介绍了管理学在中国的发展和演变	了解管理学在中国的发展脉络，更清晰理解管理学的本质
	看电影，懂管理 刘文瑞　著	16部经典电影，带你感悟管理智慧	能够帮助读者放松身心，驰骋想象，在不知不觉中增长智慧
	管理：以规则驾驭人性 王春强　著	详细解读企业规则的制定方法	从人与人博弈角度提升管理的有效性
	打造集成供应链：走出挂一漏十的改善困境 王春强　著	详解集成供应链全过程	帮助企业优化供应链管理
	用好骨干员工：关键人才培养与激励 王　敏　著	系统化分享关键人才打造与激励方法	企业能实在用人的最大化价值
	改变世界的管理学大师1：管理学的前世今生 刘文瑞　编著	介绍了古典管理学时期的大师事迹和思想	深入了解管理大师们的思想和智慧
	成为企业欢迎的咨询师 张国祥　著	从调研到落地，手把手教你咨询流程	不走弯路，方便直接的学到老咨询师的套路
	员工心理学超级漫画版 邢　雷　著	以漫画的形式深度剖析员工心理	帮助管理者更了解员工，从而更轻松地管理员工
	老板有想法，高层有干法：企业中的将帅之道 王清华　著	深入剖析老板与高管的异同	各司其职，各行其是，相辅相成
	分股合心：股权激励这样做 段磊　周剑　著	通过丰富的案例，详细介绍了股权激励的知识和实行方法	内容丰富全面、易读易懂，了解股权激励，有这一本就够了
	边干边学做老板 黄中强　著	创业20多年的老板，有经验、能写、又愿意分享，这样的书很少	处处共鸣，帮助中小企业老板少走弯路

续表

通用管理	成为敏感而体贴的公司 王　涛　著	本书为作者对企业的观察和冥想的随笔记录。从生活中的一个现象入手，进而探索现象背后的本质	从全新角度认识公司
	中国企业的觉醒：正直　善良　成长 王　涛　著	围绕着企业人如何发生转化展开，对中国人、中国文化及由此导致的企业现状的观察和思考	企业除了要利润，还需要道德
	有意识的思考：轻松化解问题的7个思考习惯 王　涛　著	本书是对思想、思考过程、思考方式进行的细致观察	养成好的思考习惯，更深刻地看问题
	中国式阿米巴落地实践之从交付到交易 胡八一　著	本书主要讲述阿米巴经营会计，"从交付到交易"，这是成功实施了阿米巴的标志	阿米巴经营会计的工作是有逻辑关联的，一本书就能搞定
	中国式阿米巴落地实践之激活组织 胡八一　著	重点讲解如何科学划分阿米巴单元，阐述划分的实操要领、思路、方法、技术与工具	最大限度减少"推行风险"和"摸索成本"，利于公司成功搭建适合自身的个性化阿米巴经营体系
	中国式阿米巴落地实践之持续盈利 胡八一　著	把企业做成平台，企业才能做大（格局）；把平台做成阿米巴，企业才能做强（专业）；把阿米巴做成合伙制，企业才能做久（机制）	中国式阿米巴落地实践三部曲的最后一部，告诉你企业如何做大做强做久
	集团化企业阿米巴实战案例 初勇钢　著	一家集团化企业阿米巴实施案例	指导集团化企业系统实施阿米巴
	阿米巴经营的中国模式 李志华　著	让员工从"要我干"到"我要干"，价值量化出来	阿米巴在企业如何落地，明白思路了
	欧博心法：好管理靠修行 曾　伟　著	用佛家的智慧，深刻剖析管理问题，见解独到	如果真的有'中国式管理'，曾老师是其中标志性人物
	领导这样点燃你的下属 孟广桥　著	领导者如何才能让员工积极主动地工作？如何让你的员工和下属保持工作的热情，自动自发？看了这本书就知道	只要你希望手下的"兵将"永远充满工作的斗志，这本书将使你获益良多
流程管理	1. 用流程解放管理者 2. 用流程解放管理者2 张国祥　著	中小企业阅读的流程管理、企业规范化的书	通俗易懂，理论和实践的结合恰到好处
	跟我们学建流程体系 陈立云　著	畅销书《跟我们学做流程管理》系列，更实操，更细致，更深入	更多地分享实践，分享感悟，从实践总结出来的方法论
	人人都要懂流程 金国华　余雅丽　著	当前各企业流程管理方面最为典型的痛点现象及问题案例	通俗易懂，适合企业全员阅读
质量管理	IATF16949质量管理体系详解与案例文件汇编：TS16949转版IATF16949：2016 谭洪华　著	针对IATF的新标准做了详细的解说，同时指出了一些推行中容易犯的错误，提供了大量的表单、案例	案例、表单丰富，拿来就用
	五大质量工具详解及运用案例：APQP/FMEA/PPAP/MSA/SPC 谭洪华　著	对制造业必备的五大质量工具中每个文件的制作要求、注意事项、制作流程、成功案例等进行了解读	通俗易懂、简便易行，能真正实现学以致用
	ISO9001：2015新版质量管理体系详解与案例文件汇编 谭洪华　著	紧密围绕2015年新版质量管理体系文件逐条详细解读，并提供可以直接套用的案例工具，易学易上手	企业质量管理认证、内审必备
	ISO14001：2015新版环境管理体系详解与案例文件汇编 谭洪华　著	紧密围绕2015年新版环境管理体系文件逐条详细解读，并提供可以直接套用的案例工具，易学易上手	企业环境管理认证、内审必备

续表

质量管理	**ISO9001:2015 完整文件汇编:制造业** 贺红喜　著	按照 ISO9001 标准并超出标准的要求,提供了一套完整的制造业的质量管理体系文件	原汁原味完整收入,直接可以拿来就用
	SA8000:2014 社会责任管理体系认证实战 吕　林　著	作者根据自己的操作经验,按认证的流程,以相关案例进行说明 SA8000 认证体系	简单,实操性强,拿来就能用
	精益质量管理实战工具 贺小林　著	制造类企业日常工作中所需要的精益管理工具的归纳整理,并进行案例操作的细致分析	可以直接参考,实际解决生产中的具体问题
战略落地	**重生——中国企业的战略转型** 施　炜　著	从前瞻和适用的角度,对中国企业战略转型的方向、路径及策略性举措提出了一些概要性的建议和意见	对企业有战略指导意义
	公司大了怎么管:从靠英雄到靠组织 AMT 金国华　著	第一次详尽阐释中国快速成长型企业的特点、问题及解决之道	帮助快速成长型企业领导及管理团队理清思路,突破瓶颈
	低效会议怎么改:每年节省一半会议成本的秘密 AMT 王玉荣　著	教你如何系统规划公司的各级会议,一本工具书	教会你科学管理会议的办法
	年初订计划,年尾有结果:战略落地七步成诗 AMT 郭晓　著	7 个步骤教会你怎么让公司制定的战略转变为行动	系统规划,有效指导计划实现
人力资源	**HRBP 是这样炼成的之“菜鸟起飞”** 新　海　著	以小说的形式,具体解析 HRBP 的职责,应该如何操作,如何为业务服务	实践者的经验分享,内容实务具体,形式有趣
	HRBP 是这样炼成的之中级修炼 新　海　著	本书以案例故事的方式,介绍了 HRBP 在实际工作中碰到的问题和挑战	书中的 HR 解决方案讲究因时因地制宜、简单有效的原则,重在启发读者思路,可供各类企业 HRBP 借鉴
	HRBP 是这样炼成的之高级修炼 新　海　著	以故事的形式,展现了 HRBP 工作者在职业发展路上的层层深入和递进	为读者提供 HRBP 在实际工作中遇到种种问题的解决方案
	新任 HR 高管如何从 0 到 1 黄渊明　著	全景式展现新任高管华丽转身全过程	助力新任高管安全着陆
	HR 的劳动法内参 李皓楠　著	100 个劳动法案例和分析	轻松掌握劳动法知识,方便运用
	把面试做到极致:首席面试官的人才甄选法 孟广桥　著	作者用自己几十年的人力资源经验总结出的一套实用的确定岗位招聘标准、提升面试官技能素质的简便方法	面试官必备,没有空泛理论,只有巧妙的实操技能
	人力资源体系与 e－HR 信息化建设 刘书生　陈　莹　王美佳　著	将作者经历的人力资源管理变革、人力资源管理信息化咨询项目方法论、工具和成果全面展现给读者,使大家能够将其快速应用到管理实践中	系统性非常强,没有废话,全部是浓缩的干货
	回归本源看绩效 孙　波　著	让绩效回顾“改进工具”的本源,真正为企业所用	确实是来源于实践的思考,有共鸣
	世界 500 强资深培训经理人教你做培训管理 陈　锐　著	从 7 大角度具体细致地讲解了培训管理的核心内容	专业、实用、接地气

续表

人力资源	**曹子祥教你做激励性薪酬设计** 曹子祥　著	以激励性为指导，系统性地介绍了薪酬体系及关键岗位的薪酬设计模式	深入浅出，一本书学会薪酬设计
	曹子祥教你做绩效管理 曹子祥　著	复杂的理论通俗化，专业的知识简单化，企业绩效管理共性问题的解决方案	轻松掌握绩效管理
	把招聘做到极致 远　鸣　著	作为世界500强高级招聘经理，作者数十年招聘经验的总结分享	带来职场思考境界的提升和具体招聘方法的学习
	人才评价中心．超级漫画版 邢　雷　著	专业的主题，漫画的形式，只此一本	没想到一本专业的书，能写成这效果
	走出薪酬管理误区 全怀周　著	剖析薪酬管理的8大误区，真正发挥好枢纽作用	值得企业深读的实用教案
	集团化人力资源管理实践 李小勇　著	对搭建集团化的企业很有帮助，务实，实用	最大的亮点不是理论，而是结合实际的深入剖析
	我的人力资源咨询笔记 张　伟　著	管理咨询师的视角，思考企业的HR管理	通过咨询师的眼睛对比很多企业，有启发
	本土化人力资源管理8大思维 周　剑　著	成熟HR理论，在本土中小企业实践中的探索和思考	对企业的现实困境有真切体会，有启发
企业文化	**36个拿来就用的企业文化建设工具** 海融心胜　主编	数十个工具，为了方便拿来就用，每一个工具都严格按照工具属性、操作方法、案例解读划分，实用、好用	企业文化工作者的案头必备书，方法都在里面，简单易操作
	企业文化建设超级漫画版 邢　雷　著	以漫画的形式系统教你企业文化建设方法	轻松易懂好操作
	华夏基石方法：企业文化落地本土实践 王祥伍　谭俊峰　著	十年积累、原创方法、一线资料，和盘托出	在文化落地方面真正有洞察，有实操价值的书
	企业文化的逻辑 王祥伍　著	为什么企业之间如此不同，解开绩效背后的文化密码	少有的深刻，有品质，读起来很流畅
	企业文化激活沟通 宋杼宸　安　琪　著	透过新任HR总经理的眼睛，揭示出沟通与企业文化的关系	有实际指导作用的文化落地读本
	在组织中绽放自我：从专业化到职业化 朱仁健　王祥伍　著	个人如何融入组织，组织如何助力个人成长	帮助企业员工快速认同并投入到组织中去，为企业发展贡献力量
	企业文化定位·落地一本通 王明胤　著	把高深枯燥的专业理论创建成一套系统化、实操化、简单化的企业文化缔造方法	对企业文化不了解，不会做？有这一本从概念到实操，就够了
生产管理	**精益思维：中国精益如何落地** 刘承元　著	笔者二十余年企业经营和咨询管理的经验总结	中国企业需要灵活运用精益思维，推动经营要素与管理机制的有机结合，推动企业管理向前发展
	300张现场图看懂精益5S管理 乐　涛　编著	5S现场实操详解	案例图解，易懂易学
	高员工流失率下的精益生产 余伟辉　著	中国的精益生产必须面对和解决高员工流失率问题	确实来源于本土的工厂车间，很务实
	车间人员管理那些事儿 岑立聪　著	车间人员管理中处理各种“疑难杂症”的经验和方法	基层车间管理者最闹心、头疼的事，‘打包’解决

续表

生产管理	**1. 欧博心法:好管理靠修行** **2. 欧博心法:好工厂这样管** 曾　伟　著	他是本土最大的制造业管理咨询机构创始人,他从400多个项目、上万家企业实践中锤炼出的欧博心法	中小制造型企业,一定会有很强的共鸣
	欧博工厂案例1:生产计划管控对话录 **欧博工厂案例2:品质技术改善对话录** **欧博工厂案例3:员工执行力提升对话录** 曾　伟　著	最典型的问题、最详尽的解析,工厂管理9大问题27个经典案例	没想到说得这么细,超出想象,案例很典型,照搬都可以了
	工厂管理实战工具 欧博企管　编著	以传统文化为核心的管理工具	适合中国工厂
	苦中得乐:管理者的第一堂必修课 曾　伟　编著	曾伟与师傅大愿法师的对话,佛学与管理实践的碰撞,管理禅的修行之道	用佛学最高智慧看透管理
	比日本工厂更高效1:管理提升无极限 刘承元　著	指出制造型企业管理的六大积弊;颠覆流行的错误认知;掌握精益管理的精髓	每一个企业都有自己不同的问题,管理没有一剑封喉的秘笈,要从现场、现物、现实出发
	比日本工厂更高效2:超强经营力 刘承元　著	企业要获得持续盈利,就要开源和节流,即实现销售最大化,费用最小化	掌握提升工厂效率的全新方法
	比日本工厂更高效3:精益改善力的成功实践 刘承元　著	工厂全面改善系统有其独特的目的取向特征,着眼于企业经营体质(持续竞争力)的建设与提升	用持续改善力来飞速提升工厂的效率,高效率能够带来意想不到的高效益
	3A顾问精益实践1:IE与效率提升 党新民　苏迎斌　蓝旭日　著	系统的阐述了IE技术的来龙去脉以及操作方法	使员工与企业持续获利
	3A顾问精益实践2:JIT与精益改善 肖志军　党新民　著	只在需要的时候,按需要的量,生产所需的产品	提升工厂效率
	化工企业工艺安全管理实操 黄　娜　编著	化工企业工艺安全管理全指导	帮助企业树立安全意识,强化安全管理方法
	手把手教你做专业的生产经理 黄　娜　著	物流、信息流、资金流,让生产经理管理有抓手	从菜鸟到能把控全局
员工素质提升	**TTT培训师精进三部曲(上):深度改善现场培训效果** 廖信琳　著	现场把控不用慌,这里有妙招一用就灵	课程现场无论遇到什么样的情况都能游刃有余
	TTT培训师精进三部曲(中):构建最有价值的课程内容 廖信琳　著	这样做课程内容,学员有收获培训师也有收获	优质的课程内容是树立个人品牌的保证
	TTT培训师精进三部曲(下):职业功力沉淀与修为提升 廖信琳　著	从内而外提升自己,职业的道路一帆风顺	走上职业TTT内训师的康庄大道
	培训师,如何让你的事业长青:自我管理的10项法则 廖信琳　著	建立了一套完整的培训师自我管理体系,为培训师的职业成长与发展提供有益的指引	培训师如何在自己的职业道路上越走越高,事业长青,一直有所收获与成长?本书将给你答案
	管理咨询师的第一本书:百万年薪　千万身价 熊亚柱　著	从问题出发,发现问题、分析问题、解决问题,让两眼一抹黑的新人快速成长	管理咨询师初入职场,让这本书开启百万年薪之路

续表

员工素质提升	**手把手教你做专业督导：专卖店、连锁店** 熊亚柱　著	从督导的职能、作用，在工作中需要的专业技能、方法，都提供了详细的解读和训练办法，同时附有大量的表单工具	无论是店铺需要统一培训，还是个人想成为优秀的督导，有这一本就够了
	跟老板"偷师"学创业 吴江萍　余晓雷　著	边学边干，边观察边成长，你也可以当老板	不同于其他类型的创业书，让你在工作中积累创业经验，一举成功
	销售轨迹：一位快消品营销总监的拼搏之路 秦国伟　著	本书讲述了一个普通销售员打拼成为跨国企业营销总监的真实奋斗历程	激励人心，给广大销售员以力量和鼓舞
	在组织中绽放自我：从专业化到职业化 朱仁健　王祥伍　著	个人如何融入组织，组织如何助力个人成长	帮助企业员工快速认同并投入到组织中去，为企业发展贡献力量
	企业员工弟子规：用心做小事，成就大事业 贾同领　著	从传统文化《弟子规》中学习企业中为人处事的办法，从自身做起	点滴小事，修养自身，从自身的改善得到事业的提升
	手把手教你做顶尖企业内训师：TTT培训师宝典 熊亚柱　著	从课程研发到现场把控、个人提升都有涉及，易读易懂，内容丰富全面	想要做企业内训师的员工有福了，本书教你如何抓住关键，从入门到精通
	28天速成文案高手 秦　士　安　丽　著	解构优秀品牌和出彩文案背后的逻辑，28天循序渐进成为文案高手	让优质文案变成"智慧工厂"般的工序管理与稳定出品
	让投诉顾客满意离开：客户投诉应对与管理 孟广桥　著	立足于投诉处理的实践，剖析了不同投诉者投诉的特点和应对措施，并提供各种技巧方法、赢得客户信赖所需培养的品质修炼、处理投诉应掌握的法律法规等工具	是投诉处理人员适应岗位职能需要、提升工作技能的良师益友，是企业变诉为金、培养业务骨干的法宝

营销类：把客户需求融入企业各环节，提供"客户认为"有价值的东西

	书名．作者	内容/特色	读者价值
营销模式	**精品营销战略** 杜建君　著	以精品理念为核心的精益战略和营销策略	用精品思维赢得高端市场
	变局下的营销模式升级 程绍珊　叶　宁　著	客户驱动模式、技术驱动模式、资源驱动模式	很多行业的营销模式被颠覆，调整的思路有了！
	动销操盘：节奏掌控与社群时代新战法 朱志明　著	在社群时代把握好产品生产销售的节奏，解析动销的症结，寻找动销的规律与方法	都是易读易懂的干货！对动销方法的全面解析和操盘
	弱势品牌如何做营销 李政权　著	中小企业虽有品牌但没名气，营销照样能做的有声有色	没有丰富的实操经验，写不出这么具体、详实的案例和步骤，很有启发
	老板如何管营销 史贤龙　著	高段位营销16招，好学好用	老板能看，营销人也能看
	洞察人性的营销战术：沈坤教你28式 沈　坤　著	28个匪夷所思的营销怪招令人拍案叫绝，涉及商业竞争的方方面面，大部分战术可以直接应用到企业营销中	各种谋略得益于作者的横向思维方式，将其操作过的案例结合其中，提供的战术对读者有参考价值
	动销：产品是如何畅销起来的 吴江萍　余晓雷　著	真真切切告诉你，产品究竟怎么才能卖出去	击中痛点，提供方法，你值得拥有
	1000铁杆女粉丝 张兵武　著	连接是女性与生俱来的特质。能善用连接的营销人员，就像拿到打开女性荷包的钥匙	重新认识女性的传播力量
	360°谈营销：一位营销咨询师20年实战洞察 王清华　古怀亮　著	各个角度，全方位，多视点剥营销	思路单一，此书帮你破

续表

营销模式	营销按钮:扣动一触即发的力量 老　苗　著	提供各种奇形怪状的营销武器	一定会带给你不一样的思维震撼
	孙子兵法营销战 刘文新　著	逐句解读孙子兵法,以及在营销方面的感悟	帮助营销人用智慧打营销仗
销售	资深大客户经理:策略准,执行狠 叶敦明　著	从业务开发、发起攻势、关系培育、职业成长四个方面,详述了大客户营销的精髓	满满的全是干货
	大客户销售这样说这样做 陆和平　著	大客户销售十大模块68个典型销售场景应对策略和话术,直接拿来就用	从"为什么要这么干"到"干什么、怎么干"
	成为资深的销售经理:B2B、工业品 陆和平　著	围绕"销售管理的六个关键控制点"一一展开,提供销售管理的专业、高效方法	方法和技术接地气,拿来就用,从销售员成长为经理不再犯难
	销售是门专业活:B2B、工业品 陆和平　著	销售流程就应该跟着客户的采购流程和关注点的变化向前推进,将一个完整的销售过程分成十个阶段,提供具体方法	销售不是请客吃饭拉关系,是个专业的活计!方法在手,走遍天下不愁
	向高层销售:与决策者有效打交道 贺兵一　著	一套完整有效的销售策略	有工具,有方法,有案例,通俗易懂
	学话术　卖产品 张小虎　著	分析常见的顾客异议,将优秀的话术模块化	让普通导购员也能成为销售精英
组织和团队	升级你的营销组织 程绍珊　吴越舟　著	用"有机性"的营销组织替代"营销能人",营销团队变成"铁营盘"	营销队伍最难管,程老师不愧是营销第1操盘手,步骤方法都很成熟
	用数字解放营销人 黄润霖　著	通过量化帮助营销人员提高工作效率	作者很用心,很好的常备工具书
	成为优秀的快消品区域经理(升级版) 伯建新　著	用"怎么办"分析区域经理的工作关键点,增加30%全新内容,更贴近环境变化	可以作为区域经理的"速成催化器"
	成为资深的销售经理:B2B、工业品 陆和平　著	围绕"销售管理的六个关键控制点"一一展开,提供销售管理的专业、高效方法	方法和技术接地气,拿来就用,从销售员成长为经理不再犯难
	一位销售经理的工作心得 蒋　军　著	一线营销管理人员想提升业绩却无从下手时,可以看看这本书	一线的真实感悟
	快消品营销:一位销售经理的工作心得2 蒋　军　著	快消品、食品饮料营销的经验之谈,重点突出	来源于实战的精华总结
	销售轨迹:一位快消品营销总监的拼搏之路 秦国伟　著	本书讲述了一个普通销售员打拼成为跨国企业营销总监的真实奋斗历程	激励人心,给广大销售员以力量和鼓舞
	用营销计划锁定胜局:用数字解放营销人2 黄润霖　著	全方位教你怎么做好营销计划,好学好用真简单	照搬套用就行,做营销计划再也不头痛
	快消品营销人的第一本书:从入门到精通 刘　雷　伯建新　著	快消行业必读书,从入门到专业	深入细致,易学易懂
产品	产品开发管理方法·流程·工具:从作坊式到规范化 任彭枞　著	产品研发管理体系全指导	既有工具,又能开拓思路
	新产品开发管理,就用IPD(升级版) 郭富才　著	10年IPD研发管理咨询总结,国内首部IPD专业著作	一本书掌握IPD管理精髓

续表

产品	**这样打造大单品：案例　策略　方法** 迪智成咨询团队　著	囊括十三个不同行业、企业的实际案例，从不同角度详细剖析、总结了这些品牌厂家打造大单品的成功经验或者失败教训	厘清大单品打造的策划与路径，得出持续经营的思路与方法
	研发体系改进之道 靖　爽　陈年根　马鸣明　著	提出一套系统性的方法与工具	指引企业少走弯路，提高成功率
	资深项目经理这样做新产品开发管理 秦海林　著	以 IPD 为思想，系统讲解新产品开管理的细节	提供管理思路和实用工具
	产品炼金术Ⅰ：如何打造畅销产品 史贤龙　著	满足不同阶段、不同体量、不同行业企业对产品的完整需求	必须具备的思维和方法，避免在产品问题上走弯路
	产品炼金术Ⅱ：如何用产品驱动企业成长 史贤龙　著	做好产品、关注产品的品质，就是企业成功的第一步	必须具备的思维和方法，避免在产品问题上走弯路
品牌	**中小企业如何建品牌** 梁小平　著	中小企业建品牌的入门读本，通俗、易懂	对建品牌有了一个整体框架
	采纳方法：破解本土营销8大难题 朱玉童　编著	全面、系统、案例丰富、图文并茂	希望在品牌营销方面有所突破的人，应该看看
	中国品牌营销十三战法 朱玉童　编著	采纳 20 年来的品牌策划方法，同时配有大量的案例	众包方式写作，丰富案例给人启发，极具价值
	今后这样做品牌：移动互联时代的品牌营销策略 蒋　军　著	与移动互联紧密结合，告诉你老方法还能不能用，新方法怎么用	今后这样做品牌就对了
	中小企业如何打造区域强势品牌 吴　之　著	帮助区域的中小企业打造自身品牌，如何在强壮自身的基础上往外拓展	梳理误区，系统思考品牌问题，切实符合中小区域品牌的自身特点进行阐述
渠道通路	**深度分销：掌控渠道价值链** 施　炜　著	制造商通过掌控渠道价值链，将管理触角延伸至零售层面及顾客现场，对市场根部精耕细作，从而挖掘需求，构筑区域市场尤其是三四级市场的竞争壁垒	深度分销是中国企业对世界营销的独特贡献。实践证明，互联网时代深度分销仍有生命力
	快消品营销与渠道管理 谭长春　著	将快消品标杆企业渠道管理的经验和方法分享出来	可口可乐、华润的一些具体的渠道管理经验，实战
	传统行业如何用网络拿订单 张　进　著	给老板看的第一本网络营销书	适合不懂网络技术的经营决策者看
	采纳方法：化解渠道冲突 朱玉童　编著	系统剖析渠道冲突，21 个渠道冲突案例、情景式讲解，37 篇讲义	系统、全面
	学话术　卖产品 张小虎　著	分析常见的顾客异议，将优秀的话术模块化	让普通导购员也能成为销售精英
	向高层销售：与决策者有效打交道 贺兵一　著	一套完整有效的销售策略	有工具，有方法，有案例，通俗易懂
	通路精耕操作全解：快消品 20 年实战精华 周　俊　陈小龙　著	通路精耕的详细全解，每一步的具体操作方法和表单全部无保留提供	康师傅二十年的经验和精华，实践证明的最有效方法，教你如何主宰通路

管理者读的文史哲·生活

	书名．作者	内容/特色	读者价值
思想·文化	**德鲁克管理思想解读** 罗　珉　著	用独特视角和研究方法，对德鲁克的管理理论进行了深度解读与剖析	不仅是摘引和粗浅分析，还是作者多年深入研究的成果，非常可贵
	德鲁克与他的论敌们：马斯洛、戴明、彼得斯 罗　珉　著	几位大师之间的论战和思想碰撞令人受益匪浅	对大师们的观点和著作进行了大量的理论加工，去伪存真、去粗存精，同时有自己独特的体系深度

续表

思想·文化	**德鲁克管理学** 张远凤　著	本书以德鲁克管理思想的发展为线索，从一个侧面展示了20世纪管理学的发展历程	通俗易懂，脉络清晰
	王阳明“万物一体”论：从“身－体”的立场看（修订版） 陈立胜　著	以身体哲学分析王阳明思想中的“仁”与“乐”	进一步了解传统文化，了解王阳明的思想
	自我与世界：以问题为中心的现象学运动研究 陈立胜　著	以问题为中心，对现象学运动中的“意向性”“自我”“他人”“身体”及“世界”各核心议题之思想史背景与内在发展理路进行深入细致的分析	深入了解现象学中的几个主要问题
	作为身体哲学的中国古代哲学 张再林　著	上篇为中国古代身体哲学理论体系奠基性部分，下篇对由“上篇”所开出的中国身体哲学理论体系的进一步的阐发和拓展	了解什么是真正原生态意义上的中国哲学，把中国传统哲学与西方传统哲学加以严格区别
	中西哲学的歧异与会通 张再林　著	本书以一种现代解释学的方法，对中国传统哲学内在本质尝试一种全新的和全方位的解读	发掘出掩埋在古老传统形式下的现代特质和活的生命，在此基础上揭示中西哲学“你中有我，我中有你”之旨
	治论：中国古代管理思想 张再林　著	本书主要从儒、法墨三家阐述中国古代管理思想	看人本主义的管理理论如何不留斧痕地克服似乎无法调解的存在于人类社会行为与社会组织中的种种两难和对立
	车过麻城　再晤李贽 张再林　著	系统全面而又简明扼要地展示了李贽独到的学术眼力和超拔的理论建树	帮助读者重新认识李贽的思想
	中国古代政治制度（修订版）上：皇帝制度与中央政府 刘文瑞　著	全面论证了古代皇帝制度的形成和演变的历程	有助于读者从政治制度角度了解中国国情的历史渊源
	中国古代政治制度（修订版）下：地方体制与官僚制度 刘文瑞　著	全面论证了古代地方政府的发展演变过程	有助于读者从政治制度角度了解中国国情的历史渊源
	中国思想文化十八讲（修订版） 张茂泽　著	中国古代的宗教思想文化，如对祖先崇拜、儒家天命观、中国古代关于“神”的讨论等	宗教文化和人生信仰或信念紧密相联，在文化转型时期学习和研究中国宗教文化就有特别的现实意义
	史幼波《大学》讲记 史幼波　著	用儒释道的观点阐释大学的深刻思想	一本书读懂传统文化经典
	史幼波《周子通书》《太极图说》讲记 史幼波　著	把形而上的宇宙、天地，与形而下的社会、人生、经济、文化等融合在一起	将儒家的一整套学修系统融合起来
	史幼波《中庸》讲记（上下册） 史幼波　著	全面、深入浅出地揭示儒家中庸文化的真谛	儒释道三家思想融会贯通
	梁涛讲《孟子》之万章篇 梁　涛　著	《万章》主要记录孟子与万章的对话，涉及孝道、亲情、友情、出仕为官等	作者的解读能帮助读者更好地理解孟子及儒学
	两晋南北朝十二讲（修订版） 李文才　著	作为一本普及性读物，作者尊重史实，运用“历史心理学”的叙事方法，分12个专题对两晋南北朝的历史进行阐述	让读者轻松了解两晋南北朝的历史
	每个中国人身上的春秋基因 史贤龙　著	春秋368年（公元前770－公元前403年），每一个中国人都可以在这段时期的历史中找到自己的祖先，看到真实发生的事件，同时也看到自己	长情商、识人心
	与《老子》一起思考：德篇 **与《老子》一起思考：道篇** 史贤龙　著	打通文史，回归哲慧，纵贯古今，放眼中外，妙语迭出，在当今的老子读本中别具一格	深读有深读的回味，浅尝有浅尝的机敏，可给读者不同的启发